KB057067

자신을 지키며 ★ 자산도 키우는

부동산 공화국
생 존 지 식

자 신 을 지 키 며 ★ 자 산 도 키 우 는

부동산 공화국
생 존 지 식

허혁재 지음

북스톤

RE:Public
(Real Estate for Public),
우리 모두를 위한
부동산 입문서

부동산 자문을 받고 싶다며 후배에게 연락이 왔습니다. 상담을 마치고 전화를 끊으려 하니 후배가 책 한 권만 소개해달라고 하네요. 부동산에 이제 막 관심이 생기기 시작해서 책을 몇 권 읽어봤는데 너무 원론적이거나 실무적 내용이어서 어렵고 재미가 없거나, '나는 1억 원으로 100억 원 부동산 자산가가 됐다' 같은 도움 안 되는 책이 많았다고 했습니다. 잠시 고민해봤지만 이렇다 할 책이 떠오르지 않았습니다. 결국 신문기사 잘 챙겨 읽으라는 말로 통화를 마쳤네요.

함께 일하는 부동산 컨설턴트들에게 저도 같은 질문을 해봤습니다. "부동산에 관심 갖기 시작한 분이 읽을 만한 책 한 권만 알려달라고 하면 어떤 책을 추천하세요?" 모두의 결론은

'그런 책 없는데요'였습니다. 대부분의 책이 실무적이거나 휘발성이 너무 강해서 초심자에게 보편적으로 추천하기가 주저된다는 의견이었습니다.

그래서 고민 끝에 직접 써보기로 했습니다. 부동산 입문자에게 두루 추천할 수 있는 책을 말이죠. 이 책은 초심자를 위한 부동산 입문서입니다. 무림의 고수도 초식부터 시작합니다. 초식을 배우지 않고는 고수가 될 수 없죠. 누구나 꼭 고수가 될 필요는 없지만, 그렇더라도 초식은 반드시 알아야 합니다. 그래야 한국이라는 부동산 무림에서 달콤한 말에 현혹되거나 타인에게 휘둘리지 않을 수 있습니다. 나의 소중한 자산을 잘 지키고 더 크게 키워갈 수 있습니다.

입문서라고 누구에게나 쉬운 것은 아닐 겁니다. 부동산 용어 자체가 익숙하지 않다는 분도 많습니다. 큰 마음 먹고 책을 펼쳤는데 딱딱한 내용 때문에 그 마음이 꺾이면 안 되겠지요. 그래서 고수와 초심자가 만나는 상황을 설정해 최대한 쉽고 재미있게 읽고 이해할 수 있도록 이야기 형식으로 구성했습니다. 아파트, 상가 등 다양한 부동산 분야를 하나하나 다루는 그들의 대화를 편안하게 따라가다 보면 어느새 부동산 지식도 차곡차곡 쌓이고, 부동산을 바라보는 시야도 넓어졌음을 실감하시리라 자신합니다.

입문서라도 초심자만을 위한 책은 아닙니다. 20년 가까이 부동산 컨설팅을 하면서 다양한 케이스를 접하고 수많은 자문을 진행했습니다. 제 고객들은 부동산 공화국인 대한민국에서도 부동산에 관심이 많고 적극적으로 투자하는 분들이 대다수입니다. 그런 분들도 미처 짚지 못한 맹점, 놓치고 있는 핵심 포인트, 어떻게 해석해야 할지 몰라 고민스러운 변수들이 부동산 시장에는 적지 않습니다. 그분들과 상담하면서 많이 받았던 질문들, 몰라서 당했던 안타까운 사연들과 이에 대처하는 방법들도 담겨 있습니다. 따라서 부동산을 많이 아시는 분들도 이 책을 통해 부동산 공화국에 숨겨진 불편한 진실을 마주하고, 비슷한 실수를 반복하지 않도록 다시 한 번 점검하는 시간을 가질 수 있을 것입니다.

물론 이 책이 부동산의 모든 것을 담고 있지는 않습니다. 족집게식 투자 지침이나 현란한 스킬이 포함돼 있지는 않습니다. 그럼에도 누군가는 책 속에서 투자 아이디어를 얻을 수 있을 겁니다.

멋진 집을 짓기 위해서는 튼튼하게 초석부터 다지는 시간이 반드시 필요합니다. 그 소중한 시간에 이 책이 함께하겠습니다. 부동산 공화국 대한민국에 살면서 피해 갈 수 없는 부동산, 난 관심 없다며 외면하지 말고 지금부터라도 조금씩 알아갑시다. 아는 만큼 보이고, 보는 만큼 안목이 높아집니다. 안목이 높아지면 기회의 문도 함께 열립니다. 입문을 환영합니다.

차
례

1장

인구도 줄어든다고 하는데 아파트값은 계속 오를까? 떨
어진 아파트값이 다시 오르긴 할까? 빌라와 단독주택도
많은데 온 국민이 아파트에 목을 매는 이유는?

6장

148 상가 공화국

수익형부동산으로 기대한 수익을 내기는 생각만큼 쉽지 않다. 상가에 투자할 때 반드시 던져야 하는 질문들과, 현혹되면 안 되는 함정들을 살펴본다. 적정 가격을 판별하는 간단한 팁도 소개한다.

9장

222 로망 공화국

부동산에는 '이런 곳에 살고 싶다', '안정적 수익을 올리고
싶다'는 로망이 끼어든다. 때로는 그 로망에 눈이 멀어 잘
못된 투자를 하기도 한다. 부동산 공화국에 살면서 피해
야 할 부동산 유형을 알아본다.

부동산 공화국

불청객

문이 열렸다. "여기 뭐 하는 곳이에요?" 열린 문틈으로 빼꼼히 들어온 얼굴을 공 대표는 멍하니 바라봤다. 간판에 분명히 '부동산'이라고 적혀 있을 텐데. 공 대표의 대답이 없자 문이 조금 더 열리면서 젊은 여성이 들어왔다. "카페예요, 부동산중개소예요?" 대답을 재촉하는 이지선다형 질문이었다.

　다행히 간판은 봤나 본데, 부동산을 찾아온 고객이 아님은 분명했다. 아직 문밖에 있는 한쪽 손은 강아지 리드줄을 잡고 있었다. 개 주인은 엘비스 프레슬리나 입었을 법한 하얀색 통바지를 입고 있다. 빗질이 잘된 개의 새하얀 털도 주인의 바짓단처럼 땅에 거의 닿아 있다. 저렇게 큰 개를 데리고 이 늦은 시간에 부동산중개소를 찾아올 사람은 없겠지.

　"둘 다 맞아요. 카페이기도 하고 부동산중개소이기

도 해요." 드디어 대답을 들은 여성은 "그럼 커피 가능하겠네요. 그런데 개도 함께 들어가도 되나요?"라고 묻는다. 의외의 연속이었다. 아직 정식 오픈도 아니고, 반려동물에 대해서는 생각해보지 않았는데. 그냥 오픈 전이라고 말할까 하다가 공 대표는 생각을 바꿨다. "오늘만 펫 프렌들리 매장으로 운영할까 봐요."

말이 끝나기 무섭게 드디어 문이 활짝 열리고 첫 고객 두 명(?)이 들어왔다. "아, 다행이다. 알렉산더랑 산책 나온 길인데, 얘를 데리고 커피 마실 수 있는 데가 없더라고요." 개 이름이 알렉산더인가 보다. 우아한 생김새를 보면 빅토리아가 더 어울릴 것 같은데, 너 남자였구나.

"아아 주세요. 가격표가 안 보이네요. 얼마예요?" 가격을 아직 못 정했다. "첫 손님 찬스로 공짜예요." 급한 대로 둘러대며 공 대표가 웃는데 알렉산더가 왕왕 짧게 짖는다. 웃음이 멍청해 보였나. 아직 카드 단말기도 연결하지 않았는데, 카드라도 내밀면 더 난처할 것 같았다.

"커피 맛있어요. 원두 좋은 거 쓰시나 봐요. 매장 구경해도 되죠?" 질문인지 통보인지 모를 물음표만 남기고 손님은 이미 안쪽 사무실 공간으로 걸음을 옮겼다. "예, 그럼요. 한번 둘러보세요." 뒤늦은 대답은 알렉산더의 꼬리에 꽂혔다.

"매장이 예쁜데 관리하시려면 힘들겠어요. 올 화이트네

요." 친화력과는 거리가 있는 공 대표에게 이런 붙임성은 항상 놀라웠다. '너 MBTI 뭐니?'라고 묻고 싶은 걸 참으며 공 대표는 "그러게요. 오늘은 완전 화이트 데이네요. 알렉산더도 그렇고 고객님 패션도 그렇고"라고 화답했다.

채용

"그럼 사장님은 안쪽 사무실에서 일하세요, 카페에서 일하세요?"

어느덧 앉아서 대화를 이어가고 있다. 공 대표는 부동산 중개를 맡을 거고, 내일이 가오픈이다. 카페 직원은 채용 공고를 지금 막 올렸고, 오픈 초기에는 바쁘지 않을 테니 둘 다 할 생각이라고 했다. 엘비스 프레슬리는 알렉산더와 산책 중이었는데, 간판이 특이해서 들어와 봤단다. 그러더니 대뜸 자기가 카페에서 일해도 되냐고 묻는다. 바리스타 자격증도 있고 심지어 공인중개사 자격증도 있다면서 스마트폰에 저장해둔 자격증을 굳이 보여줬다. 자격증에 있는 엘비스의 이름은 '정세림'이었다.

요새 직원 구하기도 힘들다던데, 이것도 인연인가? 하지만 곧장 채용하면 너무 없어 보일 것 같아서 실력도 볼 겸 라떼한 잔을 부탁했다. 세림이 일어나자 세림의 발밑에 엎드려 있던 알렉산더도 함께 일어났다. 그러나 착한 건지 귀찮은 건지 알렉산더는 바로 다시 엎드렸다. 졸린 것 같기도 하다. 라떼를 부탁했는데 세림은 라떼아트를 해 갖고 왔다. 맛도 좋았다. 동네 마실 나왔다면 집도 가까울 테니 출퇴근이 힘들다고 그만두지는 않을 것 같았다. 언제부터 출근 가능하냐고 물으니 "내일 오픈이라고 하지 않으셨나요?"라는 답이 돌아왔다.

"사장님 성함이 혹시?" 채용이 확정되자 정말 궁금한 걸 물어본 것 같다. "예, 맞아요, 공화국." 웃음을 참는 건지 원래 웃음이 없는 건지 세림의 표정에는 큰 변화가 없었다. "이름 잘 지었네요. 위트 있어요."

방금까지 백수였던 터라 알렉산더를 돌보고 있는데, 당분간 출근할 때 데리고 와도 되냐고 물었다. 돌볼 사람 생길 때까지만 그랬으면 한다고. 이 정도면 협상의 달인이다. 이미 한 발을 들여놓고는 이제 와서 발을 뺄 수도 있다는 거다. 안 된다고 하면 채용을 처음부터 다시 해야 하는데, 공 대표는 그 모든 과정이 귀찮게 느껴졌다. 매장이 크진 않지만 테라스가 넓으니 알렉산더가 그곳에 있어도 괜찮다면 그렇게 하는 조건으로 채용을 확정했다. '그런데 얘는 언제부터 내 발을 괴고 있던 거지.' 주인을 닮아서 알렉산더도 친화력이 뛰어난 것 같다고 공 대표는 생각했다. 알렉산더와 세림이 떠나고 공 대표는 간판 불을 껐다. 환하게 비추던 '부동산 공화국'이라는 간판이 어둠 속으로 사라졌다.

카페

세림의 카페는 빠르게 자리를 잡았다. 주변에 아파트 세 대수가 많은 만큼 카페도 많아 경쟁이 치열했지만, 펫 프렌들리 카페는 적었다. 반려견과 산책하던 사람들이 하나둘 테라스에서 커피를 마시기 시작하더니 어느덧 애견 사랑방이 됐다. 처음에는 편한 복장으로 마실 왔던 사람들이 무심한 척 자기도 반려견도 잘 꾸미고 다시 와서 이야기 나누는 모습이 흥미로웠다. '앤트러사이트 한남점' 같달까. 부동산 사무실과 공유하는 미팅룸을 평소에는 카페 손님들이 예약제로 이용할 수 있다는 점도 도움이 되었다.

세림은 직원 두 명을 채용했다. 공 대표는 카페 운영을 세림에게 완전히 맡겼다. 직원 채용, 메뉴 결정, 운영 전략 모두 세림의 몫이다. 월급 외에 분기별 영업이익의 50%를 인센티브로 주겠다는 제안도 공 대표가 먼저 해왔다. 인센티브를 카페 직원들과 어떻게 나눌지도 세림 마음이다. 회계만 투명하면 된다는 게 유일한 조건이었다. 일하는 보람도 있고 급여 조건도 좋았다. 걸어서 출퇴근할 수 있는 데다 알렉산더도 이곳을 좋아했다. 자기 자본 없이 자기 사업을 하는 것 같다고 세림은 생각했다.

그러고 보면 이곳에 처음 온 날도 평범하지는 않았다. 저녁 이후로는 꼼짝하지 않는 알렉산더가 그날따라 보채서 어쩔 수 없이 나선 길이었다. 자격증은 따놓았는데 어떻게 일을 시작해야 하나 막연한 고민을 하면서 알렉산더와 걸었다. 그러다 유난히 눈에 띄는 간판과 인테리어에 끌려 들어간 곳에서 세림은 지금 사장 같은 직원으로 일하고 있다.

공 대표는 얼굴 보기가 힘들었다. 사무실은 주로 최 이사와 민 실장이 지켰다. 최 이사는 아파트 중개를 주로 했고, 공 대표와 같은 회사를 다녔다는 민 실장은 공 대표가 부탁한 자료를 제작하고 시스템에 매물 등록하는 일을 했다. 비교적 한가한 아침 시간에는 카페에서 셋이 모닝커피를 하곤 했다. 공 대표는 출근 안 하냐고 물어보니, 아침 일찍 나와서 일하다가 이 시간에는 주로 고객을 만나러 간다고 했다. 계약서 쓰는 날이나 고객 미팅이 사무실로 잡힌 날이 공 대표 얼굴을 보는 날이다.

그날은 이미 카페 손님이 미팅룸을 예약한 시간대에 공 대표의 고객이 찾아왔다. 최 이사와도 구면인지 서로 인사를 나누고는 카페 빈자리에 앉았다. 카운터에서 가까운 자리여서 대화 내용이 조금씩 귀에 들어왔는데 유튜브, 방송, 세미나 등의 단어가 들렸다. 뉘앙스로 보아 업계에서는 공 대표가 나름대로 유명한 듯했다. 그동안 카페 운영에 바빠 관심이 전혀 없었던 공 대표가 궁금해졌다. 그래도 나를 고용한 사람이니 정보가 있으면 좋겠다고 세림은 생각했다.

부동산 공화국 생존지식

제안

검색은 어렵지 않았다. 아니, 처음부터 쉬웠던 건 아니다. 별생각 없이 검색창에 이름을 넣었더니 '공화 정치를 하는 나라', '제1공화국', '제6공화국' 등 공화국에 대한 설명만 떴다. 누가 봐도 사람 이름은 아니지. 민 실장에게 전에 다니던 회사명을 물어서 함께 검색하니 몇 개의 기사와 동영상이 떴다. 세림은 그날 밤 동영상을 모두 보았다. 그리고 모종의 자극을 받았다.

카페 일은 만족스러웠지만, 부동산 공부도 제대로 해보고 싶었다. 공인중개사 자격증은 자격증일 뿐이었다. 자격증을 딴 지 얼마 되지도 않았는데 머리에 남은 게 하나도 없었다.

며칠간 기회를 엿보던 어느 날, 미팅룸에서 공 대표가 나왔다. 기회는 지금이라는 생각에 세림이 입을 열었다. "대표님, 저 부동산 공부하고 싶어요." 공 대표는 처음 봤을 때의 딱 그 표정이었다. 말을 할 듯 말 듯한, 그래서 한 번 더 치고 들어가야 답변을 들을 것 같은 분위기. "매일 카페 문 닫으면 부동산 좀 알려주세요."

짧은 침묵이 흘렀다. "그래요. 그런데 매일은 어렵고 일주일에 한 번, 요일 정해서 해요. 매주 목요일 저녁 어때요?"

세림은 완전 좋다고 했다. 3가지 조건도 일사천리로 정해졌다. 다음 수업 주제를 미리 정하고, 특별한 자료 없이 자유롭

게 묻고 답하는 형식을 취하고, 수업료는 1회당 커피 10잔. 그러고 보니 공 대표는 의사결정이 빠르고 담백한 편이었다. 그래서 대화를 마치고 나면 '미리 생각해둔 건가?' 싶기도 했다. 카페를 세림에게 맡길 때도 그러더니, 부동산 수업도 그랬다. 첫 번째 수업 주제도 공 대표가 먼저 제안했다. 아파트. 우리나라에서는 부동산이 곧 아파트이니, 아파트를 이해하는 게 필수겠지.

1장

아파트 공화국

동네 카페라 저녁은 대체로 한가했다. 목요일 저녁, 수업 시작을 앞두고 세림은 다이어리에 적어둔 질문들을 쭉 훑어봤다. 그중 몇 가지는 혼자 공부하면서 자연스럽게 해결돼 목록에서 지웠다. 결국 가장 궁금한 것은 인구도 줄어든다고 하는데 아파트값이 더 오를까? 계속 오를까? 다시 오르긴 할까? 이런 질문들이었다.

쾌적성, 가성비, 환금성 그리고 편의성

우리나라 사람들은 아파트에 많이 살잖아요. 살고 싶어 하고요. 아파트 말고 단독주택이나 빌라도 많은데 왜 다들 아파트만 고집할까요?

우선 아파트에 많이 사는 이유는, 아파트가 많기 때문이겠죠. 수요가 공급을 창출하기도 하지만 공급도 수요를 창출해요. 아파트가 많은 이유는 우리나라의 인구밀도가 높기 때문이고요. 좁은 땅에 많은 사람이 모여 살려면 아파트 외에 대안이 거의 없어요. 인구 1000만 명 이상인 국가 중에서는 방글라데시, 대만에 이어 우리나라가 세 번째로 인구밀도가 높아요. 산악지대가 많은 한반도의 지리적 특성, 서울 등 대도시 중심의 인구 편중 현상까지 감안한다면 주택 수요가 많은 곳에는 주택을 차곡차곡 올려 쌓는 아파트 외에는 대안이 별로 없어요.

많다고 해서 무조건 원하게 되는 건 아니잖아요. 뭐든 많아지면 희소성이 떨어지니 가치가 떨어질 수도 있고요. 그런데 왜 아파트는 이렇게 흔한데도 살고 싶어 하는 사람이 여전히 많은 걸까요?

아파트에 살고 싶어 하는 사람이 적었다면 이렇게까지 아파트 중심이 되지 않고 주택 형태가 좀 더 다양해졌겠지요.

결국 아파트에 살고 싶어 하는 사람이 압도적으로 많아서 현재와 같은 아파트 단지 중심의 주거 형태가 만들어졌다고 생각해요. 아파트를 선호하는 이유는 사람마다 다르겠지만 쾌적성, 가성비, 환금성 등 3가지 요소가 다른 주택에 비해 뛰어나기 때문이겠지요.

아파트가 쾌적하다고요? 똑같은 모양의 세대가 다닥다닥 붙어 있으니 오히려 쾌적성이 떨어지지 않나요? 층간소음 문제도 계속 생기고요.

아파트 문을 열고 들어간 후에 펼쳐지는 세대 공간만 생각하면 답답하다고 느낄 수 있어요. 마당도 없고, 시야도 탁 트이지 않고 옆 동이 눈에 들어오니 충분히 답답할 수 있죠. 하지만 아파트 '단지'로 확장해보면 쾌적하다고 할 수 있어요. 우리나라는 공원이 많지 않아요. 그래서 '역세권'만큼이나 '숲세권' 같은 게 중요하게 여겨지잖아요. 그런 환경 자체가 드물고요. 그런데 나홀로 아파트가 아니라 단지를 구성하면 얘기가 달라져요. 특히 요즘 새로 짓는 아파트들은 모든 차량이 지하로 다니고, 지상은 잘 가꿔진 공원이나 정원 같잖아요. 대단지 아파트라면 산책하러 멀리 나가지 않고 안전한 단지만 돌아도 운동이 돼요.

우리는 아파트라는 공동주택의 불편함에 너무 민감해져

있어요. 간혹 뉴스에 크게 나오는 층간소음 관련 사건만 봐도 아파트는 사람 살 공간이 아닌 것 같고요. 하지만 공동생활에서 지켜야 하는 기본만 서로 잘 지킨다면 함께 살기에 편리한 점이 더 많아요. 주차도 편하고 보안도 잘돼 있죠. 최근에 지어지는 아파트는 커뮤니티 시설도 좋아요. 이런 편의를 단독주택에서 누리려면 많은 노력과 비용이 드는데, 그런 점에서 아파트는 가성비도 좋다고 생각해요.

아, 무슨 말씀인지 이해했어요. 그래도 가성비가 좋다고 하기엔 아파트값이 너무 비싸지 않나요? 서울 아파트들은 걸핏하면 10억이 넘는데요.

　　전용면적 $84\,m^2$(약 25평), 분양면적 $109\,m^2$(33평형)를 '국민평형 아파트'라고 하죠. 이런 아파트가 10억 원이라면 분양면적 $3.3\,m^2$당 약 3000만 원이에요. 일반적으로 주택지의 토지가격은 인접한 아파트의 $3.3\,m^2$당 가격과 비슷한 수준이에요. 예를 들어 제2종 일반주거지역에 33평짜리 주택을 짓는다고 가정해보죠. 서울 기준으로 제2종 일반주거지역의 건폐율이 60%이니, 단층으로 짓는다면 약 60평(×3000만 원=18억 원)의 토지가, 2층 주택으로 짓는다면 약 30평(×3000만 원=9억 원)의 토지가 필요해요. 필지 규모가 30평처럼 작은 곳이 많지도 않지만 이런 땅이 있다는 전제하에 계산해보면, 건축비로 3억 원

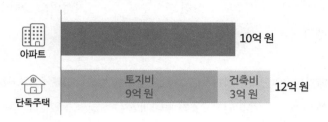

아파트 vs. 단독주택 비용 (33평형)

아파트 — 10억 원

단독주택 — 토지비 9억 원 / 건축비 3억 원 — 12억 원

(평당 약 910만 원)이 든다면 계산상으로 총 투자비는 12억 원이네요. 60평 토지에 33평 주택을 짓는다면 21억 원이고요. 물론토지가격이 딱 정해져 있는 게 아니어서 급매로 나온 토지를싸게 사서 주택을 지을 수도 있겠지요. 하지만 시장 평균적으로는 이런 식으로 아파트 가격과 아파트 옆 토지가격이 함께움직여요. 그래서 아파트 가격이 오르면 근처 토지가격도 오르게 되죠.

총 투자비용만 단순 비교해도 동일권역 내의 같은 면적이라면 단독주택보다 아파트에 거주하는 게 더 싼 경우가 많아요. 물론 단독주택에 사는 분들은 마당도 있고, 독립적으로사니 편하다고 말씀하실 수 있겠죠. 반대로 아파트에 사는 분들은 마당은 없지만 마당보다 훨씬 넓은 공원 같은 단지가 있고, 다양한 커뮤니티 시설도 있다고 반박할 수 있고요. 거주는개개인의 라이프스타일을 반영하는 것이므로 옳고 그름의 문제가 아니라 취향, 스타일의 영역이라 할 수 있어요. 저는 아파트가 전통적인 주택 유형인 단독주택보다는 가성비도 좋다고 생각해요.

빌라는요? 단독주택과 비교하면 그렇지만 빌라에 비하면 아파트가 엄청 비싼 거 아닌가요? 이 동네에도 신축 빌라가 있는데, 플래카드에 적혀 있는 분양가격은 아파트보다 훨씬 싸던데요?

　　당연히 그렇겠지요. 주택은 크게 단독주택과 공동주택으로 나뉘죠. 공동주택에는 아파트, 주상복합아파트, 빌라(연립주택, 다세대주택) 등이 있고요. 이 중 공동주택의 장점을 가장 잘 살린 것은 단지를 구성한 아파트예요. 그래서 입지가 동일하다면 단지 구성 여부에 따라 가격 차이가 날 수밖에 없어요. 예를 들어 비슷한 입지에 비슷한 시기에 지어진 아파트 단지, 나홀로 아파트나 주상복합아파트, 빌라가 있다고 해봐요. 단지를 구성한 아파트가 10억 원이라면 나홀로 아파트나 주상복합아파트는 20% 낮은 8억 원, 빌라는 40% 싼 6억 원, 이렇게 차이가 나요. 이 차이는 집값의 상승과 하락을 반복하는 순환 과정을 거치면서 계속 유지되거나 오히려 더 벌어져요. 그러니 3개 중 하나를 선택해야 한다면 당연히 단지를 형성한 아파트를 택해야겠죠. 거주 환경도 좋으니 사는 동안 편안하고 만족스럽고, 향후 가격도 나홀로 아파트나 빌라보다 더 오르고요.

이처럼 아파트는 다른 주택 유형에 비해 거주가치와 투자가치가 높기 때문에 수요도 상대적으로 더 풍부해요. 수요가 풍부한 만큼 빌라, 단독주택보다 환금성이 좋은 것도 가장 큰 장점이죠.

아파트가 가성비 좋다는 것은 주변 단독주택과 비교했을 때 얘기고, 빌라 등 다른 공동주택에 비해서는 비싼 게 맞네요. 우리나라 부동산 시장의 바로미터는 아파트여서 아파트값이 오르면 주변 토지가격도 오르고, 아파트 가격이 빠지면 주변 빌라 가격도 빠지고요. 그런데 수요가 더 두터운 아파트는 가격이 오를 때 빌라, 주상복합아파트보다 더 많이 오르니 경제적 여력이 되면 단지가 있는 아파트에 들어가는 게 좋다는 말씀이네요.

그래도 단독주택을 사면 내 소유의 토지가 생기잖아요. 반면 아파트를 사면 토지를 공유지분으로 조금 가질 뿐이고요. 아파트 재건축을 몇 번이고 할 수 있는 게 아니니 이제는 아파트보다 토지가 더 좋다는 얘기도 있던데요. 예를 들어 저층 아파트를 재건축해서 초고층 아파트가 됐다면, 이 아파트를 50년 후 또 재건축하는 건 어렵지 않나요? 재건축으로 아파트 가격이 오른다는 기대가 사라지면 아파트가 노후화되면서 가격도 점점 빠질 것 같은데요. 지금 부모님이랑 살고 있는 아파트도 최근에 재건축한 건데, 시간이 흐를수록 신축 메리트가 줄어들면 결국 가격이 떨어지지 않을까

　　　　　　　　　　　　　　　　　　아파트 공화국

요?

아파트의 라이프사이클과 가격 간의 관계를 설명할 때 '신고고저(新高古低)'를 많이들 얘기하죠. 신축은 비싸고 시간이 지나 낡아질수록 가격이 떨어져요. 그러다 재건축으로 다시 신축 아파트가 될 가능성이 높아지면 재건축 사업 단계를 통과할 때마다 아파트 가격이 계단식으로 오르죠. 저층 아파트를 고층으로, 중층아파트를 초고층으로 재건축하고 나면 또 재건축이 가능할까? 몇 층으로? 100층? 기술적으로는 가능하겠지만 법적으로도 가능할까? 법적으로 가능하다 해도 사업성이 나오기는 할까? 이런 게 궁금하죠.

결론적으로 말해, 사람들의 거주 수요가 높은 곳은 사업성이 있으니 재건축이 가능합니다. 굳이 100층이 아닌 동일 층수로 재건축해도요. 즉 용적률이 늘어나지 않고 세대수가 증가하지 않아도 거주 수요가 몰리는 곳이라면 사업성이 있어 또 재건축을 할 수 있어요.

예를 들어볼까요. 10억 원이던 아파트가 30억까지 올랐다가 낡아서 20억으로 떨어졌어요. 반면 동일 입지에 있는 신축 아파트들은 30억 원이고요. 용적률 추가 완화가 불가능해 주택수 증가는 어렵다고 가정해보죠. 이런 재건축을 1대 1 재건축이라고 해요. 만일 아파트를 재건축하는 비용이 가구당 5억 원이라면 건설사 입장에서는 시공 매출과 이익이 발생하겠죠? 집주인인 조합원 입장에서도 이주의 불편함은 있지만 신축 아파트가 되면 5억 원이라는 차익을 기대할 수 있고요. 무엇보다 새 아파트에서 살 수 있어요. 그럼 재건축이 될까요, 안 될까요? 되겠죠. 여기서 가장 중요한 것은 1대 1 재건축에 들어가는 건축비보다 더 높은 가치 상승을 기대할 수 있는가 하는 점이에요. 거주 선호도가 높아 가격이 오르는 곳이라면 가능하죠.

반대로 주택 수요가 낮은 곳은 재건축 사업성이 나오지 않아 재건축 논의 자체가 어려워요. 재건축이 불가능하니 가격은 계속 떨어지고, 아파트는 점점 노후되죠. 이 상태 그대로 두면 아파트 단지 하나만 낡아가는 게 아니라 자칫 지역 슬럼화로 이어질 수도 있어요. 그래서 아파트를 포함한 모든 부동산은 단순히 신축이냐 구축이냐보다는 어디에 위치해 있는지에 초점을 맞춰야 해요. 시간이 지나면 신축도 구축이 되지만, 위치는 변하지 않으니까요.

그래서 입지는 아무리 강조해도 지나치지 않다고 하나 봐요. 아파트의 장점으로 쾌적성, 가성비, 환금성을 말씀하셨는데, 제 생각에 최고의 장점은 편의성 같아요. 아파트는 일단 편하잖아요. 시큐리티(security)가 좋아서 안전하기도 하고요. 단독주택에 살고 싶다가도 관리할 생각을 하면 지레 포기하게 돼요. 부모님과 단독주택에 사는 친구들도 아파트가 편하고 안전하다고, 독립하면 무조건 아파트에 살겠다고들 해요.

그러네요. 너무 당연하다고 생각해서 가장 큰 장점을 빼먹었군요. 아파트의 편의성은 앞으로 더 좋아질 겁니다. 대단지 아파트 중에는 피트니스, 수영장, 도서관이 있는 곳도 이미 많아요. 앞으로는 단지 내 커뮤니티 시설에 유명 브랜드가 들어갈 날도 오지 않을까요? 단지 내부에 '스타벅스'가 입점하고, 조식 서비스는 '아워홈'이 운영하는 식이지요. 주차장에는 현대차의 전기차 충전소인 'E-pit'이 들어오고요. 대형 유치원이나 영어유치원도 품을 수 있을 거예요. 여기서 나오는 운용 수입으로 커뮤니티 시설과 단지를 계속 업그레이드해 경쟁력을 유지하고요.

얼마 전만 해도 커뮤니티와 시큐리티는 고급 주상복합 아파트만의 차별화 포인트였어요. 일반 아파트 단지는 아무래도 커뮤니티가 약했고 시큐리티도 강력하지는 못했지요. 그런데 최근에 짓는 대규모 아파트 단지 중에는 고급 커뮤니티와 최첨단 시큐리티를 자랑하는 곳들이 많아요. 앞으로도 주거와 관련한 첨단 IT 기술은 아파트에 가장 먼저 도입될 텐데, 그러면 아파트는 편의성 측면에서 또 한 번 앞서가겠죠. 구축 아파트들도 장기수선충당금으로 엘리베이터 교체나 외벽 도색만 하지 말고, 어떤 첨단 기술을 단지에 적용할 수 있는지 생각해보고 적극적으로 도입해야 할 거예요.

인구가 줄어도 아파트값이 떨어지지 않는 이유

그런데 한편으로는 입지가 아무리 좋아도 우리나라는 이미 인구 감소가 시작됐고 속도도 점점 빨라진다고 하던데, 그러면 집에 대한 수요가 줄어서 아파트 가격도 점점 떨어지는 게 맞지 않나요?

맞아요. 우리나라 인구는 2020년에 정점을 찍고 2021년부터 감소하기 시작했어요. 2022년의 합계출산율은 0.78명으로 전 세계 꼴찌고요. 점점 낮아지는 출산율에 이민도 그리 활발하지 않은 점을 감안하면 인구감소세는 더 빨라지겠지요. 그래서 「인구가 줄어든다 → 주택 수요가 감소한다 → 집값이 떨어진다」라는 단순한 도식으로 집값의 장기 하락을 전망하는 분들도 많아요. 특히 아파트 가격 하락기에는 이처럼 인구론에 근거한 부동산 폭락론이 큰 지지를 받죠. 그럼 반대론자들은 인구가 아닌 가구수를 갖고 반박해요. 인구가 감소해도 가구가 분화하므로 가구수는 계속 증가한다, 가구가 증가하는 만큼 집이 필요하니 집값은 더 올라간다는 주장이죠.

통계청이 2022년에 발표한 장래가구추계에 따르면 가구수는 2039년에 정점을 찍고 2040년부터 줄어들기 시작해요.

인구가 줄어도 약 20년 동안은 가구수가 증가한다는 거죠. 그 뒤에는 집값이 어떻게 될까요? 2040년부터 우상향이 아니라 우하향의 파동을 그리며 떨어지기만 할까요?

저는 그렇게 생각하지 않아요. 대학교를 예로 들어 설명해볼게요. 2022학년도 수험생은 약 41만 명이었어요. 4년제 대학과 전문대 정원은 약 53만 명이고요. 이미 수험생보다 대학 정원이 12만 명이나 더 많지요. 즉 누구나 등록금만 내면 대학에는 갈 수 있다는 얘기죠. 그렇다면 이제 공부를 슬렁슬렁해도 가고 싶은 대학, 학과에 갈 수 있다는 뜻일까요? 아니죠. 오히려 저는 반대라고 생각해요.

대졸자 비율이 낮았을 때는 대학 나왔다는 타이틀만으로도 만족할 수 있었겠지만 이제는 어느 대학, 무슨 과인지가 더 중요해요. 이런 경향이 점점 심해지면서 수험생들은 과거보다 더 많이 노력해야 하고요. 즉 대학 자체가 희소성 있을 때는 대학이면 됐는데, 지금은 어디냐가 중요해진 겁니다. 각자 적성은 다르지만 큰 줄기에서 보면 어느 전공의 전망이 좋은지 다 알다 보니 특정 학과, 특정 대학에 경쟁이 몰리고 더 노력할 수밖에 없게 되죠. 집도 비슷해요. 집 자체가 부족했을 때는 '내 집이 있다'가 중요했다면, 집이 많아지고 집의 희소성이 줄어들수록 '어디에 있는 어떤 집이냐'가 점점 중요해져요. 각자 원하는 집은 모두 다르겠지만, 마치 대학처럼 어디가 좋은지 알기에 그곳에 수요가 몰리게 되고, 그래서 가격이 올라갈 것이라고 봐요.

인구와 가구수가 모두 감소하면 전체적으로는 집의 수요가 줄어서 빈집도 많아지고 슬럼화, 노후화되는 지역도 많아질 거예요. 마치 입학 정원을 채우지 못하는 대학이 많아지는 것처럼요. 하지만 그럴수록 수요가 많은 곳은 더 부각될 겁니다. 그러니 인구와 가구수 감소가 집값을 떨어뜨리는 블랙홀이 된다고 생각하기보다는, 지역 격차를 심화시키는 방향으로 작용한다고 보는 게 더 타당하지 않을까 싶어요.

쾌적성과 거주 안정성의 균형 찾기

듣다 보니 왠지 그럴 것 같기도 하네요. 같은 학교라도 후배들은 확실히 저 때보다 더 치열하게 노력해서 들어온 것 같았어요. 가고 싶은 학교나 학과가 비슷하다 보니 그렇겠지요. 대학도 수능 점수로 서열화됐는데, 사회에 나와보니 누구나 살기 마련인 집도 지역별로 금액별로 서열화되는 것 같아 좀 서글퍼지네요. 좋은 곳은 집값이 너무 비싸서 제가 아무리 노력해봐야 살 수 있을 것 같지도 않고요.

그러게요. 그나마 대학은 열심히 공부하면 된다는 기대

라도 있는데, 아파트는 열심히 돈을 모아서 들어가려고 해도 모은 돈보다 가격이 더 많이 올라버리는 경우도 많지요. 주택 구입은 살면서 가장 큰돈이 들어가는 구매 행위예요. 자기 자본만으로는 감당이 안 되고 가격 상승을 따라잡기 어려울 것 같아 무리하게 대출받아 매입하는 경우도 종종 있고요. 그러다 최근처럼 갑자기 금리가 오르면 꼼꼼하게 세워뒀던 상환 계획이 와르르 무너져 멘붕에 빠지게 되죠. 세림 님은 집을 꼭 사야 한다고 생각하나요?

얼마 전까지 집값이 오를 때는 꼭 사야겠다, 사고야 만다고 생각했는데, 갑자기 집값이 폭락하는 걸 보고 있자니 꼭 그래야 하나 싶긴 해요. 그래도 내 집이 있으면 좋긴 하겠죠. 집주인 신경 안 쓰고 마음대로 집을 꾸밀 수도 있고, 아무래도 내 집이라면 안정감도 클 것 같아요.

'집은 사는(buy) 것이 아니라 사는(live) 곳이다'라는 말 들어봤죠? 우리나라 공공임대주택 캐치프레이즈예요. 정말 잘 만들었지요. 투자의 관점이나 투기의 대상이 아닌 본원적 기능으로 집을 바라보자는 거예요. 살기 좋은 집은 어떤 집일까요? 세림 님 말대로 편안하게 안정적으로 오래 머물 수 있는 곳 아닐까요. 즉 '쾌적성'과 '거주 안정성'이 중요해요.

우리가 사는 집은 소유 여부에 따라 자기 집에서 사는 '자가'와 남의 집을 빌려서 사는 '차가'로 나뉘어요. 차가는 다시 지불방식에 따라 전세, 반전세, 보증부월세 등으로 나뉘고, 임대 주체가 누구냐에 따라 공공임대와 민간임대로도 나뉘죠. 대상 자격이 엄격한 공공임대는 '거주 안정성'은 확보되지만 '쾌적성'이 아직은 떨어져요. 이 부분을 개선하고자 정부도 계속 노력하고 있고요.

대부분의 경우 공공임대보다는 내 집에서 거주하거나 민간임대 중 하나를 선택하게 되지요. 민간임대는 내 주머니 사정에 맞춰 '쾌적성'을 선택할 수 있어요. 대신 '거주 안정성'이 떨어집니다. 물론 주택임대차3법 중 하나인 '계약갱신요구권' 덕분에 임차 시 기본 2년에 전세보증금 5% 이내 인상 조건으로 2년을 더 연장할 수 있게 되어 4년은 법적으로 거주 안정성이 보장돼요. 하지만 그 후에는 어떤 집주인을 만나느냐, 재계약 시점의 전세가격이 상승세냐 하락세냐에 따라 거주 안정성이 흔들리게 되죠. 만일 아파트 가격이 오르고 전세가격도 상승하고 있다면 집주인은 큰 폭의 전세가 인상을 요구할 겁니다. 일반적인 급여생활자가 4년간 상승한 전세금을 한 번에 올려주기는 쉽지 않아요. 설령 중간에 5% 인상이 있었다 해도 말이죠. 오른 전세금을 마련하지 못해 점점 외곽으로 밀려나는 전세 난민 문제는 앞으로도 주기적으로 발생할 가능성이 높아요. 목돈 마련은 어려운데 육아, 교육, 출퇴근 등의 이유로 거주

　　　　　　　　　　아파트 공화국

지를 옮기기 어렵다면 늘어난 전세금만큼 월세를 내는 반전세로 전환해야 하고요.

이처럼 공공임대주택은 쾌적성이 떨어지고 민간임대주택은 거주 안정성이 떨어지는 걸 감안하면, 집이 필요한 시기에 가용범위 안에서 내 집 마련을 하는 것이 좋다고 생각해요. 집값이라는 게 항상 오르는 것도 아니고 계속 떨어지기만 하는 것도 아니니 매매 타이밍은 당연히 잘 잡아야죠. 언제 발생할지 모르는 외부 충격에 버틸 수 있도록 무리한 대출은 받지 않는 게 좋고요.

중소형과 중대형, 투자 기회는 어디에?

아파트를 살 때 몇 평형을 사면 좋을지도 고민이 돼요. 25평형을 살지, 좀 무리해서라도 33평형을 사는 게 좋을지 제게 물어보는 친구들도 있고요. 물론 필요하다고 생각하는 규모는 본인이 가장 잘 알겠지만 시세차익을 고려하지 않을 수 없으니까요. 대형평형보다는 소형평형이 더 많이 오른다고도 하니 투자 부담도 작은 25평형이 아무래도 더 좋지 않을까요?

아파트는 전용면적에 따라 일반적으로 5단계로 나뉘어요. 전용 $40m^2$ 이하의 소형, $40{\sim}60m^2$의 중소형, $60{\sim}85m^2$의 중형, 85~135㎡의 중대형, 135㎡를 초과하는 대형. 세림 님이 말한 25평형은 중소형아파트(전용 59㎡), 33평형은 중형아파트(전용 84㎡)에 해당하겠죠. 더 단순화해서 전용 85㎡ 이하는 중소형아파트, 85㎡ 초과는 중대형아파트라고 구분하기도 하는데, 이 둘을 비교해보면 세림 님 말대로 확실히 중소형아파트 가격의 오름폭이 더 커요. 그래서 동일 단지 내 아파트라면 중소형아파트를 매입하는 게 투자 관점에서는 더 좋겠지요. 하지만 모든 단지가 그런 건 아니에요. 아무래도 큰 평형은 동호수 배치 및 전망이 좋은 경우가 많거든요. 거기에다 단지 내 희소성이 있고, 강남권처럼 중대형평형에 대한 수요가 높은 곳이라면 이야기가 달라집니다. 입지까지 감안해야 하는 개별 컨설팅에 일반적인 통계를 무작정 적용하면 잘못된 판단을 하기 쉬우니 유의해야 해요.

친구가 25평형으로 할까 33평형이 좋을까 고민한다고 했죠. 이런 고민을 한다는 건 자금 조달 측면에서 33평형까지는 가능하다는 얘기네요. 그렇다면 저는 33평형을 권합니다. 이유가 뭐냐고요? 우선 과거에는 25평형의 상승폭이 33평형보다는 확실히 조금 더 컸어요. 그런데 지금은 25평형과 33평형의 상승폭이 엇비슷해요. 그러니 투자 관점에서는 뭐가 더 우위에 있다고 말하기가 어렵죠. 물론 25평형은 33평형보다 자금부담이 작다는 이점이 있겠지요. 그 대신 33평형은 25평형

아파트 공화국

보다 넓어서 쾌적해요. 게다가 혼자 살기로 결심한 사람도 인연을 만나 결혼할 수 있고, 아이를 낳지 않겠다고 했던 신혼부부도 살다 보면 자녀를 가질 수 있어요. 이런 확장성까지 감안한다면 처음부터 33평형에 들어가는 게 좋아요. 25평형에 살다 좁고 불편해서 다시 33평형으로 옮기는 것보다 거주 만족도도 높고, 갈아타기로 발생하는 거래비용도 줄일 수 있으니까요.

예전에는 25평형 아파트가 33평형보다 더 많이 올랐는데 지금은 왜 상승률 차이가 별로 없을까요? 예전에는 세대원수 감소로 25평형을 원하는 사람들이 많아져 25평형에 대한 선호도가 앞으로 점점 높아질 거라고 생각했어요. 수요가 점점 증가할 거라는 예상에 25평형의 가격이 33평형보다 더 많이 올랐고요. 과거에는 4인가구가 많았고 이들은 주로 33평형에 살았는데, 아이를 한 명만 낳거나 부부 둘만 사는 세대가 많아지니 25평형도 충분하다고 생각한 사람들이 늘었던 거죠. 그 결과 가격도 더 많이 오르니 25평형을 살지 33평형을 살지 고민하다가 25평형을 사는 사람도 더 많았고요.

알다시피 평균 세대원수는 지금도 계속 감소하는 중이에요. 1인가구와 2인가구 비중도 계속 높아지고 있고요. 그런데 25평형과 33평형의 상승폭은 더 벌어지는 게 아니라 동일 수준에서 움직이고 있다? 뭔가 말이 안 되는 것 같죠. 여기에는

'소득'이라는 또 다른 요인이 있어요. 소득수준이 높아질수록 1
인당 사용하는 면적은 점점 넓어져요. 즉 과거 33평형에 주로 4
인가구가 살았다면, 이제는 2인가구나 3인가구도 25평형보다
는 33평형을 더 선호한다는 것이죠. 그래서 1인가구와 2인가
구가 증가하고 있다 해도 소득수준이 높아지면서 1인당 사용
면적도 점점 넓어지기에 장기적으로는 25평형 아파트보다 33
평형에 대한 수요가 더 증가할 수 있어요.

전용률, 평당 분양가격 제대로 읽기

세대원수가 감소하고 2인 이하 가구가 계속 늘어나니 25평형 아
파트는 앞으로도 수요가 많고 다른 평형보다 더 많이 오를 거라고
막연히 생각했는데, 오판이었네요. 중대형평형에 비해서는 오름
폭이 클 수 있지만 33평형과 비교하면 상승폭 차이가 크지 않으니
지금 여력이 되면 처음부터 33평형 아파트를 사라고 친구에게 말
해줘야겠네요. 그러고 보니 혼자 사는 친구들도 원룸형 오피스텔
보다는 투룸형 아파텔을 더 선호하는 것 같더라고요. 혼자 살더라
도 방은 따로 있어야지, 원룸형은 공간이 분리되지 않아 뭔가 불편
하다면서요. 저도 집 근처에 투룸형 아파텔 분양을 하길래 모델하
우스에 다녀온 적이 있어요. 그런데 분양면적에 비해 내부가 너무

좁아서 깜짝 놀랐어요. 주변 아파트보다 평당 분양가격이 싸다고 홍보하던데, 낮은 전용률을 감안하면 싼 게 아니더라고요.

세림 님은 부동산 지식이 있어서 분양사무소 얘기에 혹하지 않았네요. 다행이에요. 아파텔이라고 편의상 부르는 것도 법적으로는 오피스텔에 포함돼요. 오피스텔은 본래 업무용이지만 소형주택 공급이 턱없이 부족한 우리나라에서는 주로 1~2인가구 주거용으로 사용되지요. 아파트 전용률이 대개 70% 중후반대인 것에 비해 오피스텔은 50% 내외로 전용률이 매우 낮아요.

말이 나온 김에 전용률에 대해 잠깐 짚고 넘어갈까요. 전용률에 대한 이해를 명확히 하려면 전용면적, 공용면적, 분양면적, 서비스면적 등 '면적'의 개념을 알고 갈 필요가 있어요.

우선 '전용(專用)면적'은 말 그대로 해당 집 거주자가 배타적, 독립적으로 독점해서 사용할 수 있는 공간을 가리켜요. 현관문 안에 있는 방, 거실, 주방, 화장실, 드레스룸 등의 면적을 더한 게 전용면적이죠. 그런데 방금 언급한 '현관문 안의 면적' 중에서 빠진 게 있지 않나요? 바로 발코니 면적이에요. 발코니 면적도 독점적으로 사용할 수 있는 공간은 맞지만 전용면적에 포함되지 않고 '서비스면적'으로 따로 분류돼요. 즉 서비스면적이 넓어서 좋다는 얘기는 곧 발코니 면적이 넓다는 뜻이죠. 특히 최근에는 발코니를 대부분 확장하는 추세여서 발코니 면적 넓이만큼 방이나 거실의 면적이 넓어지는 효과가 있지요.

'공용(共用)면적'은 전용면적과 반대되는 개념이에요. 전용면적과 달리 불특정 다수가 함께 사용할 수 있는 공간이죠. 공용면적은 다시 '주거공용면적'과 '기타공용면적'으로 나뉘어요. 아파트 계단, 복도, 엘리베이터 등 주거와 밀접하게 관련된 공용면적이 주거공용면적이죠. 이 주거공용면적과 전용면적을 합쳐 '공급면적'이라 하고, 일반적으로 '분양면적'이라고 불러요.

공급면적(분양면적) = 전용면적 +
주거공용면적(계단, 복도, 엘리베이터 등)

그럼 기타공용면적은 뭘까요? 지하주차장, 단지 내 관리사무소, 노인정 등의 면적을 더한 거예요. 지하주차장 면적을 기타공용면적과 별도로 분류하는 경우도 있으나, 큰 틀에서는 지하주차장 면적도 기타공용면적에 포함되지요. 이 기타공용면적과 공급면적을 더해 '계약면적'이라고 해요.

아파트 공화국

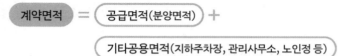

계약면적 = 공급면적(분양면적) +

기타공용면적(지하주차장, 관리사무소, 노인정 등)

그러니 전용면적보다는 공급면적이 넓고, 공급면적보다는 계약면적이 더 넓겠죠. 세림 님이 얘기한 전용률은 공급면적에서 전용면적이 차지하는 비율을 가리켜요. 전용률이 높으면 독점적으로 사용할 수 있는 공간이 상대적으로 넓다는 뜻이니 일반적으로는 좋아요. 하지만 적정 수준의 공용면적 역시 반드시 필요하죠. 복도나 엘리베이터가 너무 좁으면 주거의 질을 떨어뜨릴 수 있으니까요.

전용률 = 전용면적 ÷ 공급면적(분양면적)

예를 들어 오른쪽 도표와 같은 분양아파트가 있다면, 이 아파트의 전용률은 75%(84.98/112.95)이며, 편의상 34평형 (112.95/3.3)이라고 불러요. 전용률이 70% 중후반대인 아파트와 달리 오피스텔 및 상가 전용률은 일반적으로 50% 내외라고 했죠. 이렇게 전용률이 낮은 이유는 공급면적(분양면적)에 기타공용면적도 포함되기 때문이에요. 도표의 아파트는 공급면적

34평형 아파트 면적 구분의 예

구분	면적	비고
전용면적	84.98m²	-
주거공용면적	27.97m²	-
공급면적 (분양면적)	112.95m²	전용면적+ 주거공용면적
기타공용면적	56.79m²	지하주차장 면적 포함
계약면적	169.74m²	공급면적+ 기타공용면적

이 112.95㎡인데, 만약 오피스텔이라면 기타공용면적(56.79㎡)도 포함된 169.74㎡가 공급면적이 됩니다. 그에 따라 전용률은 50%(84.98/169.74)로 떨어지죠.

세림 님이 경험한 대로 일부 오피스텔은 아파트에 비해 현저하게 낮은 평당 분양가를 거론하며 홍보하는 경우가 간혹 있어요. 애초에 분양면적(공급면적)을 계산하는 방식이 아파트와는 다르니 오피스텔의 평당 분양가격도 당연히 아파트보다 크게 낮을 수밖에 없죠. 그러니 전용률이 아파트에 비해 낮은 오피스텔, 아파텔, 도시형생활주택, 주상복합아파트 등의 평당 분양가격을 계산할 때는 분양면적으로 비교하지 말고 반드시 아파트와 같은 조건으로 평형을 환산한 후 따져봐야 해요. 그 래야 정말 싼 건지 아니면 착시에 불과한 것인지 파악할 수 있어요.

예를 들어 분양면적 20평, 전용면적 10평, 전용률 50%인 아파텔을 5억 원(평당 2500만 원)에 분양하면서, 주변의 20평형 신축 아파트(전용 15평)가 최근 7억 원에 거래(평당 3500만 원)된 것에 비하면 평당 1000만 원이나 싸니 빨리 분양받으라고 홍보한다고 해봐요. 분양면적만 비교하면 맞는 말 같죠. 하지만 전용면적 평당 가격으로 비교해보면 아파텔이 전용평당 5000만 원(5억 원/10평)인 데 비해 아파트는 전용평당 4666만 원(7억 원/15평)으로 오히려 아파트가 더 싸요. 나홀로 아파트 형태가 많은 주상복합아파트, 아파텔, 거주용 오피스텔, 도시형생활주택 등은 아파트 단지를 구성한 아파트보다 대개 20%가량 낮은 수준에 시세가 형성되는 것까지 감안하면, 실제로는 엄청나게 비싸게 아파텔을 분양하면서 싸게 분양하는 것처럼 얘기하는 겁니다.

대표님, 얘기를 더 듣고 싶은데 벌써 끝낼 시간이에요. 우리 다음 주제도 정해야죠. 아까 잠깐 나왔던 입지 얘기도 궁금하고, 인구 감소로 집값 격차가 커진다는 것에 대해서도 더 설명을 들었으면 좋겠어요. 왠지 서울 얘기가 될 것 같네요.

공 대표는 서로의 생각을 나누며 함께 배우는 것이니 주제는 뭐든 좋다고 했다. 첫 수업을 마치고 집에 돌아가는 길, 양옆으로 높게 솟은 아파트가 세림을 둘러쌌다. 세림은 아파트에서 태어나 자란 아파트 키즈다. 정원이 있는 단독주택에 살면 어떨까 생각해본 적은 있지만, 아파트가 편해서 떠나고 싶었던 적은 없다. 아파트 공화국에서 태어나 살고 있는 아파트 키즈 세림의 하루가 저물어갔다.

아파트 공화국 √Point

1. 아파트는 다른 주택에 비해 편의성, 쾌적성, 가성비, 환금성이 뛰어나다.

2. 녹지가 부족한 도시에서 신축 아파트 '단지'들은 멋진 공원과 정원을 갖추며 녹지 공간을 품기 시작했다.

3. 아파트는 다른 주택보다 거주 및 투자가치가 높아 수요가 풍부하고, 그래서 환금성도 좋다.

4. 주택 수요가 높은 입지라면 시간이 흘러서 재건축을 '또' 하는 게 가능하다.

5. 과거 주상복합아파트의 장점이었던 '커뮤니티'와 '시큐리티' 면에서도 이제 신축 아파트 단지가 앞서가기 시작했다.

6. 인구와 가구수 감소로 주택의 전체 수요가 줄어들수록 '지역별 격차'가 심화된다.

7. 살기 좋은 집이란 '쾌적성'과 '거주 안정성'이 보장되는 곳이다.

8. 사는(live) 집의 쾌적성과 거주 안정성은 사는(buy) 것으로 완성된다.

9. 소득수준이 높아질수록 1인당 거주 면적은 넓어지므로 세대원수 감소 추세에도 33평형에 대한 수요는 탄탄하다.

10. 아파트의 대체재로 많이 언급되는 오피스텔은 아파트에 비해 전용률이 낮다. 아파트와 단위면적당 가격을 비교할 때는 분양면적이 아닌 전용면적으로 비교해야 한다.

2장

서울 공화국

세림은 일주일간 짬짬이 부동산 관련 영상도 보고 책과 기사도 챙겨 읽었다. 전망 관련 영상에는 댓글이 유독 많았다. 상승을 원하는 사람들과 하락을 바라는 사람들이 각자 의견을 남겼다. 저주 같기도 했고 주문(呪文) 같기도 했다. 마치 〈오징어 게임〉의 줄다리기를 보는 것 같았다. 어느 쪽이 끌려오나 보자 하는 힘겨루기. 사람들이 이 정도로 민감한 줄은 몰랐는데. 세림은 결혼도 안 했고 아직 내 집이 필요한 시기가 아니어서 덜 절박했나 보다.

돌아온 목요일, 마주 앉은 공 대표가 디카페인 아메리카노를 마시며 이번 주제인 지역별 격차에 대해 얘기해 보자고 말문을 열었다.

그 전에, 제가 지난주에 영상을 좀 봤는데 사람들이 집값에 이렇게까지 민감한지 몰랐어요. 댓글들도 하나같이 날이 서 있고, 실시간 채팅은 거의 전쟁터던데요.

공부 좀 했나 보네요. 생각해보면 당연한 이야기예요. 집은 생존 그리고 삶의 질과 직결되는 필수재니까요. 똑같은 재테크 중에서도 주식이나 코인은 하는 사람도 있고 안 하는 사람도 있어요. 선택의 영역이죠. 그런데 집은 반드시 필요해요. 하느냐 안 하느냐가 아니라 내 집에서 사느냐, 남의 집에서 사느냐의 문제죠.

또 하나, 주식은 A주식이 올랐다고 B주식도 같이 오르지 않아요. A주식이 올랐다고 내게 A주식을 살 기회가 없어지는 것도 아니고요. 하지만 집은 다르죠. 서울 아파트가 오르면 시차를 두고 인접한 경기권 아파트도 올라요. 운이 없으면 내가 모아둔 돈에 대출을 합쳐도 서울 아파트를 살 기회 자체가 없어져요. 그래서 급등기에는 '벼락거지'라는 말이 생기고, 반대로 폭락하면 '하우스푸어'라는 말이 유행해요. 언제 어떤 선택을 하느냐에 따라 너무나 큰돈이 왔다 갔다 하니 민감할 수밖에 없죠. 집에 대한 부부의 생각이 같으면 그나마 괜찮지만 의견이 다르면 부부싸움으로 이어질 수도 있고, 이럴 때는 더 예민해지죠.

부동산 공화국 생존지식

집값 때문이 아니라 집이 부족해 서울을 떠난다

저는 부모님과 함께 살아서 다행이에요. 아직은 결혼 생각도 없고. 서울 인구를 검색해보니 2011년부터 매년 줄어들고 있더라고요. 그런데 아파트는 2013년부터 가격이 오르기 시작해 2021년까지 9년 동안 2~3배나 올랐던데요.

'1000만 서울'이라 불리던 때가 있었지요. 서울 인구는 2016년에 1000만 명 밑으로 떨어졌고, 2022년말 기준 942만 명대까지 감소했어요. 서울 인구가 감소하는 이유가 뭘까 질문하면 많은 분들이 집값이 비싸서라고 답하세요. 집값이 비싸서 서울에 살기 어려우니 떠난다는 거죠. 그런 이유라면 떠난 사람들만큼 서울에 빈집이 많아야 하지 않나요? 하지만 실제로는 멸실이 임박한 재개발 등 정비구역 내 주택을 제외하고는 서울에 빈집이 거의 없어요. 거주할 수 있는 집에는 다 사람이 들어가 산다는 거죠. 즉 서울 인구가 감소하는 건 서울의 집값이 비싸서라기보다는, 서울에 있는 집이 수용할 수 있는 인구가 그것밖에 안 되기 때문이에요.

그렇다고 주택수가 줄어든 거냐 하면 그렇진 않아요. 주택수는 계속 증가하고 있어요. 그런데 주택에 거주하는 평균 세대원수가 감소한 거죠. 2010년 약 340만 호였던 서울의 주택수는 2020년 약 378만 호로 11%가량 증가했어요. 같은 기간

55 서울 공화국

세대원수는 3.03명에서 2.56명까지 감소했지요. 이런 이유로 최근 10년간 주택수가 증가했음에도 서울 인구가 6% 넘게 줄었어요. 서울에 살고 싶은 사람은 많은데 그 수요를 받쳐줄 만큼 공급이 따라주지 못한 거죠. 즉 서울 인구가 감소하는 것은 집값이 비싸서 사람들이 떠나기 때문이 아니라, 거주할 수 있는 집이 부족하기 때문이라고 보는 게 맞아요.

지난주에 가구수는 인구감소 후에도 한동안 증가한다고 했던 얘기와 통하네요. 가구분화가 지속된다는 것은 세대가 계속 쪼개지는 것, 결국 평균 세대원수가 줄어든다는 뜻이니까요. 그런데 말씀 중에 '서울에 살고 싶은 사람이 많다'고 하셨는데, 전 이 가정 자체에 의문이 들어요. 이런 전제로 전망하는 바람에 투기가 더 조장되는 것 아닌가요?

　　말하다 보니 저도 모르게 그렇게 얘기했네요. 사람마다 태어난 곳도 다르고, 살고 싶은 곳도 다를 수밖에 없는데 말이에요. 맞아요, 당연히 모두가 서울에 살고 싶어 하지는 않지요. 오히려 번잡스러운 서울을 떠나고 싶다는 사람도 적지 않고요. 다만 그럼에도 많은 사람이 서울로 모이는 이유는 서울에 좋은 일자리가 많고, 인프라가 잘 갖춰져 있고, 다양한 사람들을 만나면서 더 많은 기회를 접할 수 있기 때문이라고 생각해요. 경제적 기반인 직장이 서울에 있다면 편한 출퇴근을 위해 생활기반도 서울에 두고 싶어 할 수 있고요. 그런 의미에서 서울에 살고 싶어 하는 사람이 많다는 가정 자체가 잘못됐다고 생각하지는 않아요. 그보다는 '서울 공화국'이 되어버린 우리나라를 어떻게 하면 균형발전시킬 수 있는지에 대한 고민이 필요하겠지요.

국토균형발전을 위해 세종시도 만들고 혁신도시도 만들었잖아요. 그런데도 계속 서울만 더 좋아지는 것 같아요. 국토균형발전이라는 게 과연 가능할까요?

지금 세계는 국가 간의 경쟁도 심하지만 도시 간의 경쟁은 더 치열하게 벌어지고 있어요. 그런 마당에 국토균형발전을 위해 서울의 발전을 잠시 멈추고 그 재원을 지방에 쏟아야 한다고 주장하는 건 곤란하겠지요. 오히려 어떻게 하면 서울이 뉴욕, 런던, 도쿄, 싱가포르 같은 도시와의 경쟁에서 뒤처지지 않고 나아갈 수 있을지 고민하면서 지속적으로 성장, 발전시켜야 한다고 봐요.

공공기관 이전으로 만들어진 10개 혁신도시는 성공적으로 안착했다고 생각해요. 더 발전하려면 민간기업 본사도 이전해야 할 텐데, 이걸 정부가 강제하기는 어렵지요. 외국 도시들은 주요 기업을 유치하고자 낮은 가격에 사업부지를 제공하고 법인세 인하 등의 인센티브를 줍니다. 우리나라 혁신도시들도 이전 완료한 공공기관과의 연계성이 높은 민간기업 유치를 위해 파격적인 인센티브를 적극적으로 제공할 필요가 있다고 봐요. 그렇게 해서 좋은 일자리가 유입되면 혁신도시가 지속적으로 성장하면서 국토균형발전과 지역발전에도 기여할 수 있겠지요.

혁신도시를 통해 지역의 경제를 살리는 것도 중요하겠지만, 지역마다의 특색을 더욱 뚜렷하게 살리는 것도 필요해 보여요. 코로나 19 때 해외 대신 국내 여행을 해보니, 자연환경이 특별하게 멋진 곳이 아니면 어디를 가나 비슷한 것 같더라고요. 그나저나 서울에 살 집이 부족해서 떠난다고 하셨는데, 서울은 더이상 주택 공급을 확대하기가 쉽지 않잖아요. 빈 땅도 없고 재개발, 재건축 규제도 풀렸다 조였다 하고. 어떻게 하면 공급을 확대할 수 있을까요?

재건축 규제 등 정책 관련된 내용은 나중에 따로 날 잡아서 얘기해요. 부동산 정책의 의미를 정확하게 이해하고 시장에 어떤 영향을 미칠지 예측하는 것은 매우 중요하니까요.

서울의 범위를 행정구역상의 서울로 제한한다면, 공급을 늘리려면 용적률을 완화해 건물을 더 높이, 주택을 더 많이 짓는 수밖에 없어요. 하지만 그만큼 과밀해져 삶의 질이 떨어질 수 있으니 용적률 완화가 해법이라고 말하기는 어려워요. 또한 용적률을 높여주면 토지 및 주택을 보유한 기득권자에게 더 큰 혜택이 돌아간다고 비판이 나올 수밖에 없고요. 그래서 용적률을 높여주면 그만큼 기부채납을 받거나 임대주택 비중을 더 늘리곤 하죠.

이렇듯 서울 내 용적률 완화를 통한 주택 공급 확대는 한계가 있어요. 그러면 대안은 행정구역상의 범위를 벗어나 서울 출퇴근이 가능한 지역까지 포괄해서 주택을 공급하는 것밖에 없겠죠. 이런 의도로 만들어진 곳이 바로 분당, 일산 같은 신도시예요. 1기 신도시는 서울시청을 중심으로 반경 20km 정도에 위치해 있어요. 그 정도면 서울 출퇴근이 가능하다고 판단한 거지요. 그런데 2기 신도시는 판교, 위례를 제외하고는 1기 신도시보다 외곽에 있어 입지가 대체로 떨어져요. 이 문제를 인식해서 현재 분양 중인 3기 신도시들은 다시 반경 20km 안에 모두 들어와 있어요.

3기 신도시를 계획대로 잘 진행하는 것과 함께, 장기적으로는 보존가치가 낮은 개발제한구역(그린벨트)을 추가 해제해 서울 접근성이 뛰어난 곳에 환경친화적인 공동주택단지를 만드는 방안도 추진할 필요가 있어요. 말이 그린벨트지 비닐하우스 벨트로 난립해 있어 전혀 자연친화적이지 않은 곳이 많거든요. 물론 잘 보존되고 있는 그린벨트는 그 가치를 더 높이는 방향으로 관리하는 것도 병행해야 하고요. 개발계획을 수립하기에 앞서 중요한 내부 정보를 이용해 부동산 투기를 한

1~3기 신도시와 GTX 노선

출처 : 국토교통부

부동산 공화국 생존지식

LH사태와 같은 일이 재발되지 않도록 법 개정과 절차를 잘 만들어야 하는 건 두말하면 잔소리고요.

신도시 아파트 최고의 청약 전략

비슷한 시기에 지어졌다고 해도 신도시별로 편차가 심한 것 같아요. 대표적인 1기 신도시인 일산, 분당만 봐도 지금은 분당이 확실히 더 좋은 것 같고 가격도 더 많이 올랐잖아요. 이런 차이는 왜 생기는 거죠?

실제로 두 신도시의 최초 분양가격은 큰 차이가 없었어요. 토지 매입 단가와 건축 단가에 큰 차이가 없기 때문이죠. 하지만 시간이 지나면서 가격 격차가 벌어지는 건 결국 어디에 위치해 있느냐에 달렸어요. 왜 일산보다 분당이 더 많이 올랐을까요? 두 도시 모두 서울시청 중심으로 반경 20km에 위치해 서울 접근성도 비슷하고 생활 인프라도 큰 차이가 없어 보이는데요.

서울 안에서도 지역마다 아파트 가격이 다 다르잖아요. 너무나 다양한 요소들이 아파트 가격에 영향을 미치는데, 그중에서 가장 중요한 요인은 좋은 회사가 밀집한 핵심 오피스 권역과 얼마나 가까운가 하는 거예요. 서울의 핵심 오피스 권역은 도심(CBD, Central Business District), 강남(GBD), 여의도(YBD) 이렇게 3곳이에요. 그리고 지하철로 도심, 강남, 여의도에 한 번에 빠르게 갈 수 있는 곳은 선호도가 높아 가격이 오를 때 다른 지역보다 더 많이 오르죠.

다시 1기 신도시로 돌아가 보면, 분당은 강남과 접해 있어요. 반면 일산은 도심과 많이 떨어져 있죠. 여의도에서도 멀고요. 이런 차이가 시간이 지날수록 힘을 발휘했다고 봐야 해요. 게다가 분당과 붙어 있는 2기 신도시 판교의 판교테크노밸리에는 좋은 회사들이 몰려 있잖아요. 그뿐인가요, 신분당선이 개통돼 강남과 더 빠르게 연결됨에 따라 분당의 입지적 장점이 한층 더 부각됐어요. 즉 단순히 행정구역상의 서울(의 경계 또는 서울시청)과 얼마나 가까이 있느냐 하는 것보다는 핵심 오피스 권역인 도심, 강남, 여의도와의 접근성이 얼마나 뛰어난가 하는 점이 중요해요.

판교처럼 경쟁력 있는 업무지구를 만들어 직주근접이 가능한 신도시를 만드는 것도 매우 중요하지요. 대부분의 신도시가 직주근접 환경을 만들겠다고 하지만 실제 판교테크노밸리 같은 곳을 만들기란 쉽지 않아요. 판교만 해도 서울에서 출퇴근하기 좋은 곳은 아닌데, 3기 신도시 중에서 업무지구로서 판교보다 접근성 좋은 곳은 없어요.

서울에서 향후 오피스 지구로 떠오를 만한 곳은 어디일

까요? 용산과 성수를 꼽을 수 있어요. 용산은 개발계획에 따라 국제업무지구가 완성될 테고, 성수는 준공업지역에 오피스빌딩과 지식산업센터가 지속적으로 들어오면서 업무지구를 형성해갈 겁니다. 용산은 도심과 여의도 접근성이 좋고, 성수는 강남과 가깝지요. 교통도 좋고, 각각 용산공원과 서울숲이 있어 자연환경도 좋으니 업무지구로서의 경쟁력이 높다고 볼 수 있어요. 그래서 도심, 강남, 여의도와 함께 용산, 성수의 접근성이 좋은 지역에 대한 관심은 앞으로 더 커질 거예요. 많은 사람이 관심을 보이고 들어가길 원한다면 가치와 가격도 당연히 오를 테고요.

3기 신도시 분양이 계속될 텐데, 분양받는 게 좋을까요? 일찍 결혼한 친구들 중에는 서울 아파트 분양가격이 부담된다고 신도시 분양을 받겠다는 친구들도 있어요.

당연히 분양 당시의 시장 상황과 분양가격을 확인하고 결정해야겠지만, 청약하는 게 유리해요. 신도시, 뉴타운, 혁신도시 등 대규모 택지를 조성해 아파트를 분양할 때는 물량이 엄청나요. 그래서 한 번에 분양하지 않고 1차, 2차, 3차 등 순차적으로 분양을 하죠. 이때 1차 분양을 하는 곳이 일반적으로 입지도 가장 좋고 분양가격도 낮아요. 1차 분양이 잘되지 않아 미분양이 발생하면 2차, 3차 분양은 더 어려워질 수밖에 없거든요. 그러면 그 사업은 망했다고 봐야 해요. 정부나 LH 등 사업자 입장에서는 그런 일이 발생하면 절대 안 되니 1차 분양 때 여러모로 조건 좋은 곳부터 내놓는 거죠. 그러니 1차 분양 아파트에는 적극적으로 청약할 만해요. 이런 아파트는 낮은 가격에 분양했으니 높은 프리미엄이 붙겠지요.

성공적으로 1차 분양을 마친 후 2차 분양이 진행될 때는 1차 분양보다 입지가 떨어지는데도 분양가격은 더 높아질 가능성이 커요. 프리미엄이 붙은 1차 분양권의 시세보다는 낮지만 최초 분양가격보다는 높아지는 거죠. 결론적으로 말해, 내 집 마련을 하려는 실수요자이고 마침 원하는 곳에 신도시나 뉴타운 등이 들어설 예정이라면 맨 처음 분양하는 아파트에 관심 갖고 청약하면 좋아요.

신도시와 재택근무가 서울 쏠림 현상을 해소할까?

신도시 아파트를 분양받을 때 공간적으로는 서울 주요 오피스 권역에 대중교통으로 출퇴근하기 편한지를 살피고, 시간적으로는 가장 먼저 분양하는 아파트 단지에 주목하라는 말씀이네요. 그런데 신도시에 아파트가 들어서면 서울 아파트 가격이 낮아지는 건 맞지요? 애초에 신도시 개발 취지가 서울 아파트 가격이 너무 올라서 추가 공급이 필요한데 서울에 아파트를 더 짓기 어려워서 나온 대안이니까요.

'서울 출퇴근이 가능한 신도시에 많은 아파트가 한 번에 입주하면 서울 아파트 가격도 안정을 찾는다'라는 주장의 근거는 뭘까요? 1기 신도시인 분당, 일산, 평촌, 산본, 중동이 입주를 시작한 1990년대 초반부터 서울 아파트 가격이 장기간 하향 안정됐거든요. 그래서 서울 아파트 가격이 너무 오르면 정부는 만병통치약처럼 신도시 개발을 통한 공급 확대 정책을 내놓곤 하죠.

하지만 이제는 신도시 개발계획 발표 및 아파트 공급 확대가 서울 아파트 가격 안정으로 이어지기 쉽지 않아요. 1990년대는 서울뿐 아니라 전 세계적으로 '직주분리'의 시대였어요. 즉 일자리 때문에 서울, 도쿄, 뉴욕, 파리에 있지만, 슬럼화되는 도심을 벗어나 쾌적한 외곽의 넓은 집에 살고 싶다는 욕구가 컸던 시기지요. 그래서 1기 신도시가 들어설 때 서울 집을 팔고 분당, 일산 등으로 이사하는 사람들도 많았고요.

하지만 지금은 직주분리가 아니라 '직주근접'의 시대예요. 슬럼화되고 공동화되던 도심이 정비되면서 인프라 및 생활환경이 점점 좋아지고 있어요. 반면 신도시의 생활환경은 만족스럽지만 매일 먼 거리를 출퇴근하는 피로에 지쳐가는 사람들이 늘어나고 있고요. 이렇듯 직주근접이 중요한 시기에는 신도시 공급 확대가 서울 집값 안정에 큰 역할을 하기가 어려워요.

그렇다고 신도시가 필요 없다는 건 아닙니다. 서울 출퇴근이 과거보다 더 편리한 신도시를 만드는 것, 좋은 기업을 많이 유치해 직주근접 가능한 신도시를 조성하는 것은 무척 중요해요. 신도시 공급이 서울 집값 안정에 직접적인 영향을 미치기 어렵다 뿐이지, 서울 말고는 대안이 없을 때와 신도시라는 대안이 있을 때를 비교한다면 후자가 서울의 집값 안정에 더 긍정적이지요. 서울의 핵심지역보다 가격 부담이 작고 인프라도 잘 갖춰져 있어 거주 만족도가 높은 신도시, 서울 집값을 잡겠다는 목적보다는 좋은 거주 환경을 꾸준히 공급한다는 측면에서 신도시를 바라보면 좋겠네요.

지금은 좋은 일자리와 기회가 많아 서울을 선호하지만, 코로나19의 영향과 IT 기술의 발달로 최근에는 재택근무도 많이 늘었잖아요. 그에 따라 오피스 수요 자체도 줄고 어디서든 일할 수 있으니 굳이 서울에 오피스가 있을 필요도 없는데, 이렇게 되면 서울 쏠림 현상은 시간이 지나면서 자연스럽게 완화되지 않을까요?

팬데믹의 영향부터 얘기해볼게요. 팬데믹 이후 재택근무 비중이 늘면서 말한 대로 오피스 수요도 감소할 것이라 예상됐어요. 그런데 이 시기에 돈이 시장에 너무 많이 풀리고, 이

부동산 공화국 생존지식

런 돈들이 스타트업에 공격적으로 투자되면서 오히려 스타트업을 중심으로 채용과 오피스 수요가 급증했어요. 그러다 물가가 급등하니 이번에는 인플레이션을 막기 위해 금리를 계속 올리고 긴축 정책을 펼치면서 그 여파로 스타트업을 중심으로 다운사이징, 감원 등이 발생했어요. 임대 면적을 줄이거나 임대료가 더 낮은 지역으로 오피스 이전을 검토하는 스타트업도 늘었고요.

다음으로 재택근무. 재택근무가 보편화된다고 해도 함께 모여 일하는 오피스는 필요할 겁니다. 개인 책상이 없어지면 전체 오피스 면적이 줄어들 수는 있겠지요. 아니면 개인 공간이 없어지거나 줄어드는 대신 함께 모여 논의하고 유대감을 형성하기 위한 협업 공간이 커져서 전체 오피스 면적은 동일하게 유지될 수도 있고요.

재택근무를 병행해 예전만큼 넓은 오피스가 필요하지 않게 됐을 때 기업들은 어떻게 움직일까요? 첫째, 임차 면적을 줄여서 임대료 부담을 줄인다. 둘째, 임차 면적을 줄이는 대신 같은 임대료로 더 좋은 곳으로 이동한다. 크게 두 가지 경우의 수가 있겠지요. 일할 사람이 잘 구해진다면 전자를 선택해도 돼요. 하지만 구인난이 심한 시기라면 후자를 선택해야 할 거예요.

여기서 생각해봐야 하는 것이, 앞으로 어떤 업종에서 일자리가 늘어나느냐 하는 겁니다. 장기적으로 보면 전통적인 제조업보다는 4차산업 중심으로 일자리가 늘겠지요. 4차산업일수록 개인의 역량이 중요하고, 능력 있는 직원을 채용하려면 급여, 복지, 성장 가능성과 함께 오피스 위치도 매우 중요해져요. 그러니 원활한 채용을 위해서라도 많은 기업들이 더욱 서울을 선호하지 않을까요? 일례로 경기, 충청 지역에 있는 대기업 R&D센터들도 인력 이탈을 막고 인재 유치를 위해 서울이나 서울 가까운 곳으로 이전하기 시작했어요.

예전에는 FIRE 산업이 오피스를 채워주는 핵심 업종이었어요. Financial(금융), Insurance(보험), Real Estate(부동산)를 가리키죠. 앞으로는 Financial(금융, 핀테크 포함), IT(정보통신), R&D(연구개발), Entertainment(엔터테인먼트, 게임 포함)라는 새로운 FIRE가 오피스 수요를 이끌 것 같아요. 그 회사들이 어디에 있어야 경쟁력의 핵심인 인재 채용과 유지에 유리할까? 생각해볼 필요가 있죠.

대표님 예상대로라면 앞으로 서울 쏠림은 더 심화될 것 같네요. 그럴수록 서울 쏠림을 막기 위한 과감한 정부 정책과 지자체의 노력이 더 필요해 보이고요.

친구들이 하나둘 결혼하고, 제가 공인중개사 자격증 땄다는 걸 어디서 들었는지 요즘은 친구들을 만나면 부동산 얘기를 많이 하게 돼요. 그런데 집 얘기를 하다 보면 어느덧 '우리가 서울 아파트 얘기를 하고 있네'라는 생각이 들더라고요. 하긴 한국인 5명 중 한 명이 서울에 살고, 2명 중 한 명이 수도권에 살고 있으니 자연스러운 건지도 모르겠지만. 그런데 서울 쏠림 현상은 오래전부터 있었잖아요. 그럼 실제로 아파트 가격도 서울이 더 많이 올랐나요? 느낌상으로는 그런 것 같은데 정말 더 상승했는지, 구체적으로 얼마나 더 올랐는지 궁금해요.

분석시스템으로 확인해볼까요. 2000년말부터 2023년말까지 23년간의 데이터 정도면 충분하겠지요. 데이터를 보면 우리나라 부동산 시장은 2000년부터 2006년까지의 상승기, 그 뒤 2012년까지의 하락기, 다시 2021년까지의 상승기를 거쳐 2022년부터 하락 국면에 들어서는 등 상승-하락기를 반복해왔어요.

그렇다면 권역별 아파트 가격은 어떻게 변동됐을까요? 전국의 3.3m^2당 가격은 2000년말 461만 원에서 2023년말 2078만 원으로 351%나 올랐네요. 같은 기간 서울의 상승률은 491%로 경기/인천의 326%보다 높았고요. 부산/대구/광주/대전/울산 등 5개 지방광역시의 23년간 상승률도 337%로 기타 지방의 238%보다 높네요. 상승과 하락을 반복하는 와중에도 대도시 아파트, 그중에서도 서울 아파트의 상승률이 더 높은 걸 알 수 있죠. 2000년대 들어 서울의 상승률은 경기/인천

서울 공화국

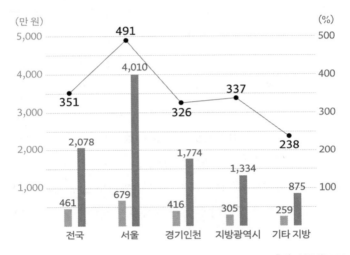

지역별 3.3m²당 아파트 가격 및 변동률 (2000~23년)

- 2000년말 가격 (만 원/3.3m²)
- 2023년말 가격 (만 원/3.3m²)
- 2000~23년 가격변동률 (%)

(만 원)

	전국	서울	경기인천	지방광역시	기타 지방
2000년말 가격	461	679	416	305	259
2023년말 가격	2,078	4,010	1,774	1,334	875
변동률	351	491	326	337	238

출처 : 부동산R114

의 1.5배, 기타 지방보다는 2.1배 더 올랐으니 지역적 차별화가
이미 진행중이라고도 볼 수 있어요.

우리 사무실이 서울에 있어서 서울 중심으로 편하게 얘
기하고 있지만, 광역시의 상승률이 경기/인천보다 높았다는
사실에서 권역 내 핵심이 되는 것의 중요성을 알 수 있어요. 수
도권이라면 서울, 영남권이라면 부산이 권역 내에서 장기적으

부동산 공화국 생존지식

로 더 발전하면서 주변 지역과 점점 차별화된다고 보는 게 맞아요. 서울 안에서도, 부산 안에서도 또 지역별로 차별화가 진행되고요.

매매지수가 아닌 3.3㎡당 아파트 가격의 변동으로 비교하니 상승률 차이도 그렇지만 권역별 아파트 가격 격차가 더 크게 느껴지네요. 서울은 도심, 강남, 여의도 접근성이 좋으면서 한강변도 접한 아파트가 비싸듯이 부산에서는 바다 뷰가 가능한 해운대 아파트가 점점 좋아지겠지요. 그런데 부산처럼 권역 내 핵심인 곳의 아파트 가격 상승률이 주변 지역보다 더 높다는 걸 알아도, 근무지가 부산과 멀다면 부산에 살기는 쉽지 않을 것 같아요.

　아무래도 그렇겠지요. 직장이 거제에 있는 조선소라면 부산에서 매일 출퇴근하는 게 쉽지는 않을 거예요. 세종시도 마찬가지고요. 처음 정부청사가 이전할 때만 해도 많은 공무원들이 서울에서 출퇴근할 수 있으리라 생각했겠지만, 시간이 지날수록 피로가 쌓여요. 직장을 옮기지 않는 한 결국 세종시로 이주하는 공무원 가족은 점점 늘어날 수밖에 없어요. 최근에 세종시 아파트 가격이 많이 빠졌다고들 하는데, 17개 시도 중 최근 상승률이 가장 컸고 공급물량도 많았기에 낙폭도 컸던 거예요. 장기적으로는 유입인구가 계속 증가하고 좋은 학군도 형성되면서 충청권 내 핵심은 세종이 될 겁니다.

그렇다면 거제는 어떨까요? 거제는 대표적인 산업도시죠. 이런 산업도시들은 아파트 가격도 주력산업의 업황에 크게 영향을 받아요. 게다가 창원, 포항과 같은 산업도시들은 업종이 비교적 다양한 반면 거제는 조선업 비중이 너무 커요. 그렇다 보니 조선업이 좋을 때는 사람이 몰려들고 주택가격도 상승하지만, 업황이 안 좋아지면 사람들이 썰물처럼 빠져나가 다른 지역 집값이 올라도 거제는 떨어져요. 인구 유입 및 가치 창출에 기여하는 산업을 유치해 지역 경쟁력을 높이는 것은 매우 중요해요. 유치 자체가 쉬운 것도 아니고요. 다만 장기적인 지역 발전까지 생각한다면 한 업종에만 치중하는 건 위험할 수 있어요. 정부도 지자체도 이런 점을 감안해야 해요. 특화는 필요하지만 올인은 위험하지요. 과거 잘나가는 산업도시였다가 쇠락한 공장지대가 된 미국의 러스트 벨트(Rust Belt)를 떠올려봐요.

얘기하다 보니 부산 찍고 세종 찍고 거제까지 왔네요. 이번 시간 마치기 전에 아까 얘기했던 분당과 일산 아파트 시세도 분석시스템으로 비교해볼 수 있을까요? 동일한 시기에 조성된 분당이 정말 일산에 비해 많이 올랐는지, 얼마나 올랐는지 갑자기 궁금해졌어요.

어디 볼까요. 지난 23년간 분당, 일산, 평촌, 산본, 중동 등

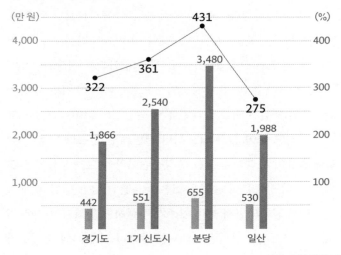

1기 신도시 3.3㎡당 아파트 가격 및 변동률 (2000~23년)

- ■ 2000년말 가격 (만 원/3.3㎡)
- ● 2000~23년 가격변동률 (%)
- ■ 2023년말 가격 (만 원/3.3㎡)

(만 원)

431
361
322
3,480
2,540
275
1,866
1,988
442   551   655   530

경기도   1기 신도시   분당   일산

(%)

출처 : 부동산R114

1기 신도시의 상승률이 361%로 경기도 전체의 상승률 322%
보다 조금 높게 나오네요. 상승률 차이가 그렇게 크지는 않죠.
그 이유는 23년간 경기도에 2기 신도시도 신규 조성, 입주하면
서 경기도 전체의 상승률이 올랐기 때문이에요.

이제 세림 님이 궁금해한 분당과 일산을 살펴볼까요. 분
당 아파트의 3.3㎡당 가격은 2000년말 655만 원에서 2023년말

3480만 원까지 431% 상승한 데 비해, 일산은 같은 기간에 530만 원에서 1988만 원까지 275% 상승했네요. 지난 23년간 분당아파트가 일산아파트보다 약 1.6배 높은 상승률을 보였다는 거죠. 2000년말 기준 분당아파트는 일산아파트보다 약 24% 더 비쌌는데, 2023년말에는 75%나 더 비싸지면서 갭이 벌어졌어요. 분당의 상승률(431%)은 서울의 아파트 상승률(491%)과 큰 차이가 없네요. 행정구역상으로는 경기도지만 웬만한 서울보다 핵심 오피스 권역인 강남 접근성이 뛰어나고 판교테크노밸리도 붙어 있고 신도시라 전반적인 인프라가 좋기 때문이겠지요. 그래서 분당을 준강남권이라 부르는 분들도 있고요. 분당의 상승률이 놀라운 것은 서울은 지난 23년간 재개발, 재건축이 진행되면서 신축 입주가 꾸준히 진행되었던 것에 비해, 1기 신도시인 분당은 2000~23년까지 신축 아파트 입주가 거의 없었는데도 이렇게 높은 상승률을 유지하고 있다는 점이에요.

수치로 확인하니 감이 확실히 오네요. 다른 신도시와 달리 분당 옆에는 판교가 딱 붙어 있잖아요. 그러면서 시너지 효과를 낸 것 아닌가 싶어요. 그렇다면 향후 신도시를 추가 계획할 때는 서울 접근성이 좋은 기존 신도시 옆에 붙이는 것도 생각해볼 만하겠네요. 기존 신도시 거주 인구도 있으니 판교테크노밸리 같은 업무지구 조성에도 좀 더 유리해 보이고요. 아파트 값을 올리자는 게 아니고, 분당이 다른 신도시에 비해 높은 가격을 유지한다는 것은 그만큼 거주하고자 하는 사람이 많고 거주환경이 좋다는 뜻이니까요. 그런 곳들이 서울 주변에 더 많이 만들어지면 '인 서울'에 대한 집착도 줄어들 수 있을 것 같아요. 벌써 시간이 이렇게 됐네요. 대표님, 다음 주에는 따로 얘기하자고 하신 부동산 정책 관련된 주제가 좋을 것 같아요.

공 대표는 정책은 다른 주제보다 사전 공부가 더 필요하다고 했다. 분양가상한제, 재건축초과이익환수제 등 다음 주에 다룰 몇 가지 부동산 정책을 알려주며, 정책의 의미 및 시장에 미치는 영향 등을 미리 생각해보고 얘기하면 좋겠다고 했다.

공 대표가 먼저 떠난 후, 세림은 카페 정리를 마치고 잠시 앉아서 오늘 나눈 대화를 머릿속으로 정리했다. 그리고 첫날 수업 메모 위에 '아파트 공화국', 오늘 한 메모 첫 장에는 '서울 공화국'이라는 타이틀을 네임펜으로 크게 쓰고 다이어리를 닫았다.

서울 공화국 √Point

1. 서울 인구가 줄어드는 것은 서울 집값이 비싸서가 아니라, 서울의 주택이 수용할 수 있는 인구가 줄었기 때문이다.

2. 서울 쏠림 현상은 서울에 좋은 일자리가 몰려 있기 때문이다.

3. 서울 쏠림 개선과 함께 세계적인 도시들과 경쟁할 수 있도록 서울의 발전도 도모해야 한다.

4. 국토균형발전이라는 관점에서 혁신도시에 이전된 기관과 시너지 효과를 낼 수 있는 대기업도 함께 이전하고, 이전 기업에는 법인세 인하 등 강력한 인센티브를 제공해야 한다.

5. 서울의 용적률을 크게 완화하는 것은 가뜩이나 문제인 과밀을 더 심화시켜 삶의 질과 서울의 경쟁력을 떨어뜨릴 수 있다.

6. 환경적 가치를 이미 상실한 개발제한구역(그린벨트)에 서울 접근성이 뛰어난 친환경 도시를 지어야 한다.

7. 주요 오피스 밀집 권역(도심, 강남, 여의도) 접근성에 따라 신도시의 가격도 점차 차별화된다. 강남 접근성이 뛰어난 분당 vs. 도심 및 여의도 접근성이 떨어지는 일산

8. 용산과 성수는 향후 핵심 오피스 지구로 성장할 가능성이 높다.

9. '직주분리' 시대에는 신도시 조성으로 서울 집값 상승을 억제할 수 있었다. 지금은 '직주근접'이 중요해서 신도시 조성만으로 서울 집값을 안정시키기는 어렵다.

10. 향후 성장할 산업을 생각하면 주요 일자리의 서울 쏠림은 더 심화될 것이다.

3장
———
정책 공화국

문재인 정부는 부동산 정책을 26번이나 냈었다. 모두 아파트 가격을 하락, 진정시키기 위한 안정화 정책이었다. 결과는 26전 26패. 수요를 억제하는 정책은 효과가 단기적이었다. 뒤늦게 발표한 공급 확대 정책은 긴 시간이 필요한 것들이었다. 결국 5년 동안 집값은 폭등을 거듭했다. 다주택자도, 유주택자도, 무주택자도 정부를 비난했다. 다주택자는 늘어난 세금에 분노했고, 1주택자도 대출 규제로 집을 팔고 대출받아 이사하기가 어려워졌다고 비난했다. 무엇보다 무주택자의 불만이 가장 컸다. 집값을 안정시키라고 내놓은 정책들이 집값을 더 자극했다고, 정부를 믿은 나만 벼락거지가 됐다고.

정책 공화국

부동산 정책은 느리게 작동한다

부동산 정책은 내용도 너무 방대한 데다 수시로 발표되고 또 변경되는 바람에 너무 헷갈려요. 정책별로 시행 시기도 다 다르던데요. 안다고 생각했던 것들도 다시 확인하면 언제 또 정책이 바뀌었는지 달라진 적도 많고요.

맞아요. 부동산 가격이 너무 올랐다 싶으면 정부에서 안정화 정책을 계속 밀어내고, 반대로 너무 내렸다 싶으면 활성화 정책을 연달아 쏟아내지요. 변경된 게 뭔지, 언제부터 어떻게 변경되는지, 그래서 어떻게 된다는 것인지 일일이 신경쓰기가 어려워요. 그러다 보니 정책 피로도만 높아져 그냥 흘려듣게 되고요. 하지만 우리가 하는 부동산 의사결정은 모두 정부 정책의 영향을 받으니, 정책의 내용을 잘 파악하거나 능력 있는 전문가와 상담한 후 결정해야 해요.

부동산 정책을 그렇게 쏟아내는데 왜 시장은 반대로만 움직였을까요? 문재인 정부 때만 26번이나 안정화 정책을 냈는데 아파트 가격은 계속 올랐잖아요? 역시 정책에 문제가 있었던 건가요?

정책에 문제가 없었다고 말하기는 어렵죠. 수요 억제책을 내놓으면서 공급 확대 정책도 함께 발표했다면 적어도 가격 상승폭은 조금 줄었을 거예요.

부동산 정책을 대할 때 내용 하나하나 살펴보는 것도 필요하지만, 그보다는 부동산 정책의 '시차적' 특성을 알아두는 게 더 중요해요. 무슨 뜻인지 자세히 설명해볼게요. 아파트 가격이 상승해서 무주택자들의 내 집 마련이 어려워진다면 정부가 뒷짐만 쥐고 있을 수 없겠죠. 그래서 부동산 안정화 정책을 내놓아요. 상승 초기에 내놓는 안정화 정책은 일반적으로 그리 강력하진 않아요. 그래서 이미 상승세를 타기 시작한 흐름을 꺾기는 어렵지요. 상승세가 급등세로 바뀌고 나면 그제서야 강력한 규제 정책을 연달아 내놓는데, 그러면 시장이 안정화될 것 같지만 그게 또 아니에요. 일단 급등세를 타면 안정화 정책이 아무리 강력해도 집값이 더 오를 것 같다는 믿음이 생기거든요. 그 믿음이 유지되기 위해서는 근거가 필요하겠지요. 최근의 근거는 '서울의 아파트 수요는 풍부한데 공급이 부족하다'였어요. 그래서 아직 늦지 않았다는 판단과 더 늦으면 안 된다는 조급함에 거래가 계속 이뤄지고 가격도 더 오르게 됩니다.

아파트 가격 상승기에는 정부의 안정화 정책이 강하든 약하든 정교하든 허술하든, 정책이 원하는 방향으로 가격을 전환하기까지 시간이 필요해요. 예전에는 첫 번째 안정화 정책이 나오고 3년쯤 후에 가격이 하락 전환됐다면, 소셜미디어 등이 발달한 요즘에는 그 기간이 더 길어졌어요. 하락기에도

정책 공화국

마찬가지예요. 아파트 가격 하락기에는 꽁꽁 얼어붙은 거래 심리를 살려 거래량도 늘리고 가격 급락도 막아보려고 다양한 부동산 활성화 대책을 내지요. 그 대책이 아무리 강하고 정교해도 일단 하락한 시장은 한동안 가격 하락세를 계속 이어가요. 즉 부동산 시장은 한번 추세 전환을 하면 그 추세가 오래가요. 추세를 바꾸기 위한 정부 정책이 시장에서 의도대로 작동하기까지 걸리는 시간도 길고요. 이 시차를 이해해야 합니다. 그러면 매매 타이밍 잡는 데도 참고할 수 있어요.

　내 집 마련하는 입장에서 생각해볼까요? 가격 상승기에 접어들어 정부에서 안정화 정책을 내기 시작했다면 '이제 집 값이 곧 안정화될 테니 괜히 지금 비싸게 살 필요 없지'라고 생각하기보다는, 이제부터 본격적인 상승장이 열릴 수 있다고 생각하고 매입을 검토해봐야 한다는 거죠. 반대로 가격 하락기에 접어들어 정부가 활성화 대책을 발표하기 시작했다면, 곧 다시 오를 테니 지금 빨리 싸게 사자고 의사결정하기보다는 이제부터 더 떨어지고 더 많은 기회가 올 수 있다고 생각하며 매입을 서두를 필요가 없겠지요.

그러니까 부동산 정책 각각의 내용과 시장에 미칠 영향도 중요하지만, 부동산 정책의 시차적 특성을 이해하면 매매 타이밍을 잡을 수 있다는 얘기네요. 정책을 잘 내면 그 시차가 짧아질 것이고 그렇지 않으면 시차가 더 길어질 수도 있고요. 그런데 소셜미디어 때문에 시차가 더 길어졌다는 말씀은 무슨 뜻이에요? 유튜브 등에서 정부 정책을 더 많은 사람들에게 신속하게 설명해주니 정책 효과가 더 빨리 나타날 것 같은데요.

예전에는 정부가 정책을 보도자료로 발표하면 지상파 방송이나 신문사가 정책의 주요 내용을 정리해서 기사화했어요. 전문가들의 코멘트도 함께 싣고요. 물론 아까 말한 대로 정책을 발표한다고 시장의 흐름이 바로 전환되지는 않아요. 더욱이 부동산이라는 파도는 경제 시장이라는 큰 바다에 속해 있어서 금리, 통화량 등 전체 시장경제의 동향을 거스르고 독단적으로 움직이는 건 불가능해요. 하지만 지상파 방송이나 신문기사를 통해 비슷한 이야기를 반복해서 접하다 보면 시장 참여자들도 점차 정책의 영향을 받고, 누적된 정책들이 서서히 효과를 내기 시작하면서 정책이 원하는 방향으로 시장이 전환됩니다.

그런데 지금은 유튜브나 페이스북 등 여러 경로를 통해 다양한 의견을 빠르게 접할 수 있어요. 개중에는 근거는 없고 주장만 있는, 조회수 늘리기에 급급한 자극적인 콘텐츠도 있겠죠. 논리적으로 정책을 분석하고 시장을 예측하는 콘텐츠도 물론 있고요.

예를 들어 문재인 정부에서 다주택자의 종합부동산세 세

율을 크게 올렸어요. 그러면서 종부세를 견디지 못한 다주택자 매물이 시장에 쏟아져 매물 부족 문제도 해결되고 가격도 안정화될 것이라고 했지요. 하지만 소셜미디어에서 '다주택자는 종부세 부담을 느낄 수밖에 없다. 그런데 다주택자 양도소득세 중과도 함께 시행됐다. 양도세 부담이 너무 커서 시장에 내놓는 다주택자 매물은 적을 것이다. 오히려 증여가 많아질 것이다. 일단 증여한 부동산은 양도소득세 이월과세 규정으로 5년(2023년 증여분부터는 10년) 내에 매물로 나올 수 없다. 그러니 정책 의도와 달리 매물은 더 줄어들고 이 때문에 가격은 더 오를 것이다'라고 썰을 풉니다. 이 콘텐츠를 본 사람이 많고 논리에 동의한다면 매도하는 대신 이참에 증여를 하거나, 매물 부족으로 가격이 더 오를 거라 전망하고 오히려 집을 살 겁니다.

물론 반대의 주장을 전개한 콘텐츠도 많았겠죠. 이런 강력한 안정화 정책이 나왔으니 이제 곧 폭락할 것이라고 하면서요. 그런데 실제로 이렇게 되지 않았던 데에는 누구의 논리와 분석이 더 많은 공감을 얻었는지가 영향을 미쳤겠죠. 아울러 상승장에는 상승에 베팅하고, 하락장에는 하락에 익숙해지는 사람들의 심리도 작용하지 않았을까 싶네요.

저도 시황 정보는 유튜브로 주로 접해요. 아무래도 빠르게 정리해

주고 뉴스보다 깊이 있는 설명도 들을 수 있어서요. 그런데 보다 보면 내가 봤던 콘텐츠와 유사한 내용이 계속 추천 영상으로 떠요. 그래서 상승론자는 더 상승론자가 되고, 하락론자는 점점 더 하락론자가 되나 봐요. 또 상승할 때는 더 상승할 것만 같고 하락할 때는 계속 하락할 것 같아서, 상승기냐 하락기냐에 따라 자주 접하는 콘텐츠도 달라지고요. 정책 의도와 반대 방향으로 시장이 움직일 수도 있다는 걸 읽을 줄 알아야겠네요. 부동산 대책이라는 것이 급등기에는 규제 정책이 쏟아질 수밖에 없고, 반대로 급락기에는 시장에 온기를 불어넣기 위해 규제 정책은 폐지하고 온갖 활성화 대책을 낼 수밖에 없잖아요. 그래서 언제나 정책이 난무하는 느낌이 들어요.

거주 공간인 집은 사유재산의 영역이지만, 국민 개개인의 삶의 질과 직결되기에 정부도 시장에만 맡겨놓을 수는 없어요. 하지만 너무 많은 정책을 쏟아내다 보면 정책 피로도만 쌓이고 내성이 생겨서 정책이 제대로 작용하기까지 더 많은 시간이 걸려요. 이렇게 누적된 정책들은 시장 전환기에 한꺼번에 큰 힘을 발휘합니다. 즉 하락으로 전환되면 하향 안정이 아닌 급락으로 이어지고, 상승으로 전환될 때는 거래 및 가격 회복에 그치지 않고 장기 상승과 급등으로 이어지게 하죠.

예를 들어 가격이 급등할 때는 가격을 하향 안정시키기 위한 제도들이 연달아 나오면서 여러 규제가 겹겹이 쌓여요.

이 상태에서 가격이 하락세로 전환하면 그제야 제도들이 작동하기 시작했다고 느껴질 수 있어요. 하지만 하락이 연착륙이 아닌 경착륙의 양상을 보이고 경제 전반에 부정적인 영향을 미칠 것 같다면 겹겹이 쌓인 규제를 풀어야 하죠. 그렇다고 모든 규제를 일시에 풀었다가 가격이 다시 상승하기라도 하면 그 부담이 너무 크므로 천천히, 순차적으로 규제를 풀게 돼요. 그러는 동안 시장은 이미 경착륙돼 침체에 빠져 있을 가능성이 커요.

반대 상황은 어떨까요. 가격이 급락하고 있다면 기존의 규제들을 순차적으로 모두 풀겠지요. 그래도 시장은 쉽게 반등하지 않아요. 가격이 오르리라는 믿음이 약해서 수요가 좀처럼 늘지 않죠. 그러면 이번에는 다양한 활성화 정책을 쏟아내겠지요. 그러다 가격이 상승으로 전환하면 이런 활성화 정책들을 바로 회수할 수 있을까요? 아니에요. 그랬다가 막 붙기 시작한 불씨가 꺼지고 다시 침체로 빠지기라도 하면 큰일이니까요. 그러다 급등하고 있다는 시그널이 오면 온갖 안정화 정책을 내지만 추세를 바꾸기에는 이미 또 늦었겠죠. '산이 높으면 골이 깊다'는 말이 있어요. 가격이 많이 오르면 많이 떨어지고, 정책도 너무 많이 내면 그 정책을 거둬들이고 반대 방향으로 전환하기가 그만큼 어려워져요.

경제는 상승과 하락을 무한 반복하잖아요. 부동산도 그렇고요. 그런데 우리나라 부동산 시장은 유독 정부 정책이 많아서, 하락 전환하면 경착륙하고 상승 반전되면 급등할 가능성이 높다고 정리하면 되겠네요. 정책이 효과를 발휘하기까지 시차가 있고 의도와 다르게 시장이 움직일 수도 있지만, 어쨌든 정책이 집값에 큰 영향을 미칠 수밖에 없으니 모두들 정책에 민감하게 반응하나 봐요.

정책이 집값에 큰 영향을 미치는 건 맞아요. 하지만 집값에 가장 큰 영향을 미치는 것은 정책이 아니에요. 시장에 돈이 얼마나 풀려 있나(광의통화(M2)), 그중 부동산 시장에 유입될 수 있는 돈이 얼마나 많나(주택담보대출비율(LTV), 총부채원리금상환비율(DSR)), 금리 동향은 어떤가, 지역별 수급 상황은 어떤가 등이 더 중요하죠. 물론 이럴 걸 잘 계획하고 결정해야 하는 것이 정책이긴 하지만요. 이 모든 것들에 정부 정책이 더해져 시장 참여자들의 심리에 영향을 미치면서 부동산 시장은 생물처럼 움직이게 되죠.

분양가상한제와 시장 양분화

다음 주 주제가 떠올랐어요. 정책보다 집값에 더 영향을 많이 미치는 것들에 대해 자세히 알고 싶어요. 이제 지난주에 예습해오라고 하신 개별 정책에 대해 얘기해볼까요. 서울 아파트 공급을 활성화하기 위해서는 재건축, 재개발이 원활하게 진행되어야 하잖아요. 최근에 분양가상한제, 재건축초과이익환수제, 정밀안전진단 등을 완화한 것도 그런 이유고요. 가격 상승기에 분양가상한제를 시행했는데, 당시 아파트 가격이 안정됐던 것 같지는 않아요. 분양가상한제가 아파트 가격 안정에 도움이 되기는 하나요?

분양가상한제는 말 그대로 분양가를 사업자가 자율적으로 정하지 못하도록 상한을 두는 제도예요. 이때 상한 기준은 「토지비용+건축비용+건설사 기본 마진」의 합이 돼요. 분양가상한제를 하는 목적은 분양가를 낮춰 내 집 마련을 하려는 청약자들의 비용 부담을 줄이고, 이를 통해 아파트 가격 안정도 꾀하려는 거지요. 즉 높은 분양가가 주변 시세를 자극해 아파트 가격이 계속 오르는 악순환이 발생하니, 시작점인 고(高) 분양가부터 뿌리 뽑겠다는 겁니다.

예를 들어 15년 된 아파트의 3.3 m^2당 가격이 1000만 원이라면 주변의 신축 아파트 분양가는 이보다는 높겠죠. 대체로 분양 경기가 좋지 않으면 1050만 원, 분양 경기가 좋을 때는 1200만 원 정도에 분양해왔어요. 1200만 원에 분양한 아파트가 3년 후 입주 시점에 1500만 원까지 상승하면, 주변 아파트 가격도 덩달아 1000만 원에서 1200만 원까지 상승합니다. 그러면 그 시점에 새로 짓는 아파트는 1440만 원에 분양하겠죠?

그 아파트가 입주할 때 1700만 원까지 상승하면 주변의 구축 아파트도 슬금슬금 올라 1360만 원까지 상승해요. 이런 과정이 반복되면서 아파트 가격이 계속 오르니, 고분양가를 반드시 잡아야 한다는 논리에서 나온 게 분양가상한제예요.

하지만 이렇게 분양가격을 계속 올리다 보면 '분양가가 너무 비싼 거 아냐? 요새 공급도 많다던데, 입주할 때 프리미엄을 기대하기도 쉽지 않겠네'라는 생각이 퍼지면서 청약 경쟁률이 떨어지고, 미계약분이 증가하고, 미분양이 발생하기 시작하죠. 그러면서 과열된 시장이 식고, 시장이 안정되고, 가격이 조정되는 사이클로 자연스럽게 접어들게 돼요.

그런데 이 사이클에 인위적으로 분양가상한제가 끼어들면 어떻게 될까요? 주변 아파트보다 현저히 낮은 가격에 아파트를 분양받을 수 있는 이른바 '로또 분양'으로 이어져요. 그럴수록 많은 사람이 청약시장에 관심 갖게 되고, 수백 대 1의 경쟁률은 기본이 되겠지요. 높은 수익과 인기를 방증하는 높은 경쟁률은 청약에 대한 관심을 더욱 증폭시키고, 청약 때마다 고배를 마신 사람들은 차선책으로 기존 주택 매입으로 눈을 돌리게 돼요. 즉 분양가상한제를 시행한 결과 로또 분양이라는 '청약시장'과, 분양가상한제로 공급 부족이 심화돼 오히려 가격이 오르는 '기존주택시장'으로 시장이 양분되는 거죠. 이렇게 시장이 디커플링되므로 분양가상한제로 집값을 잡겠다는 목적은 달성하기 어려워요.

　제도나 정책이란 것은 이렇게 목적한 바와 정반대의 결과를 가져올 수도 있어요. 제도가 시장에 미칠 영향을 잘못 파악했기 때문이죠. 만일 아파트 가격이 급락하고 거래도 잘되지 않자 분양가상한제를 완전히 폐지한다고 해봐요. 이후에 아파트 가격 급등기가 다시 오면 또 분양가상한제가 필요하다는 주장이 나오고, 민간택지에도 분양가상한제를 다시 적용할 수 있어요. 이때는 어떻게 하면 좋을까요?

가격 상승기에는 사겠다는 사람이 많으니 공급도 함께 늘려줘야 하잖아요. 가격 상승기에 아파트 가격을 잡겠다고 민간택지에도 분양가상한제를 시행하면 사업성이 떨어지고, 그 결과 공급이 줄겠죠. 아파트 가격 상승기에 공급까지 줄면 대표님 말씀대로 기존 아파트 가격은 오히려 더 오르지 않을까요? 그렇다면 분양가상한제가 다시 시행되는 시기는 이미 가격이 많이 올랐다고 여겨질 때지만, 앞으로 더 오를 수 있다는 시그널로도 볼 수 있을 것 같아요.

　정확하게 이해했네요. 청약 가점이 높은 분들이라면 '로또 청약'의 문을 계속 두드리는 게 가장 좋겠죠. 가격이 비쌀 때 싼 가격에 신축 아파트를 얻을 수 있으니 마다할 이유가 없지요. 가점이 낮아 당첨 가능성이 낮은 분들도 너무 늦었다고 생각하지 말고 기존 아파트 매입을 긍정적으로 검토할 때고요.

물론 분양가상한제가 필요한 곳도 있어요. 공공택지에 지어지는 아파트라면 분양가상한제를 적용해서 경쟁력 있는 가격에 아파트가 공급돼야 해요. 정부나 지자체가 땅을 싸게 공급한 것은 민간사업자의 돈벌이를 위해서가 아니라 서민들이 내 집 마련을 더 쉽게 하기 위함이니까요.

재건축초과이익환수제와 재건축 위축

제가 살고 있는 집이 재건축 완료돼 최근에 신축한 아파트라는 말씀은 드렸죠. 저희는 좀 일찍 재건축돼 '재건축초과이익환수제(재초환)'는 피해갔어요. 그런데 주변 아파트들은 재초환에 걸려서 사업 진행이 늦어지고 있더라고요. 최근에 재초환이 완화됐다는 기사를 보긴 했는데, 재초환이 정확하게 뭐고 지금은 어떻게 완화됐어요?

'재건축초과이익환수제'는 말 그대로 재건축으로 발생한 초과이익을 거둬들이겠다는 뜻이에요. 이걸 이해하려면 초과이익 계산을 먼저 해야겠네요. 초과이익은 조합설립인가 때부터 준공 때까지 발생한 이익 중 정상 집값 상승분과 개발비를 뺀 이익이에요. 식으로 정리하면 다음과 같죠.

재건축 초과이익 = (① 종료 시 집값) — (② 시작 시 집값)
— (③ 정상 집값 상승분) — (④ 개발비)

완화된 '재건축초과이익 환수에 관한 법률' 개정안에 따라 '추진위원회승인'부터였던 산정기간이 '조합설립인가'부터로 단축돼요. 초과이익 3000만 원 초과부터 부과되던 것은 8000만 원 초과로 바뀌고, 부과구간도 2000만 원 단위가 아니라 5000만 원 단위로 확대돼요. 준공시 1가구 1주택자이면서, 1주택 보유 기간의 총합이 20년 이상이라면 부담금 70% 감면 혜택도 있으니 이전보다는 환수금액 부담이 많이 줄었들겠지요. 하지만 완전히 없어진 게 아니니 재건축아파트 조합원들의 불만은 여전히 남아 있죠.

구체적으로 어떻게 계산하는지 예를 들어보죠. 재건축 완료된 A아파트의 ①종료(준공) 시 집값이 30억 원이고 ②시작(조합설립인가) 시 집값이 10억 원이었다면, 20억 원이 올랐네요. 여기에 ③같은 기간 주변 일반 아파트의 정상 집값 상승분이 10억 원이고 ④재건축을 위한 건축비 등 개발비가 4억 원 들었다면, 재건축을 통해 발생한 초과이익은 6억 원(30억-10억-10억-4억)이 되죠. 개정안이 시행되면 초과이익 8000만 원 초과~1억 3000만 원 이하 구간은 10%, 2억 8000만 원 초과금

'재건축초과이익 환수에 관한 법률' 개정안 (2024.03.27 시행)

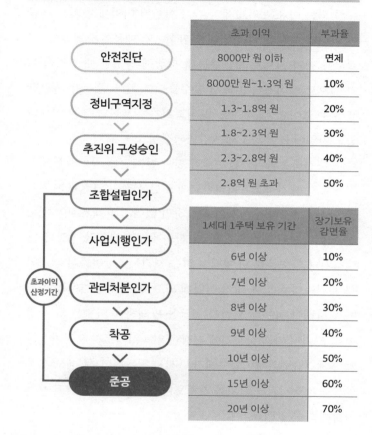

초과 이익	부과율
8000만 원 이하	면제
8000만 원~1.3억 원	10%
1.3~1.8억 원	20%
1.8~2.3억 원	30%
2.3~2.8억 원	40%
2.8억 원 초과	50%

1세대 1주택 보유 기간	장기보유 감면율
6년 이상	10%
7년 이상	20%
8년 이상	30%
9년 이상	40%
10년 이상	50%
15년 이상	60%
20년 이상	70%

안전진단

정비구역지정

추진위 구성승인

조합설립인가

사업시행인가

관리처분인가

착공

준공

초과이익 산정기간

액은 최대 50%가 환수됩니다. 예시로 든 경우라면 초과이익이 6억 원이니 그중 50%가 환수대상이 되겠네요.

정책 공화국

합헌 결정이 났음에도 재건축초과이익환수제가 계속 이슈가 되는 이유는 양도세와 같이 실현된 이익에 매기는 세금이 아니라 미실현 이익에 대한 환수이기 때문이에요. 종료 시 집값을 30억 원으로 계산했는데, 나중에 양도할 때 가격이 24억 원으로 떨어졌다고 해서 환수금으로 이미 낸 돈을 환급받을 수는 없어요. 뭐, 환수금을 취득원가에 포함할 수는 있으니 양도 차익이 줄어 양도세는 감면되겠네요.

재건축초과이익환수제가 갖는 문제는 분양가상한제와 비슷해요. 재건축초과이익환수제 또한 시장이 과열돼 가격이 급등하면 생겼다가 시장이 하락하면 없어지는 대표적인 제도거든요. 그런데 재건축초과이익환수제를 시행하면, 제도에 반대하거나 환수금을 낼 여력이 없는 재건축조합원들이 생기면서 재건축이 속도를 내기 어렵게 돼요. 가격 상승기에는 공급이 원활해야 하는데 오히려 공급을 방해하는 역할을 하는 셈이죠. 그러니 가격 상승기에 시장을 안정시키고자 분양가상한제와 재건축초과이익환수제가 다시 추진된다면, 두 제도 모두 공급을 위축시키는 결과를 가져오니 상승장이 더 이어질 거라 생각해볼 수 있겠죠.

아파트 가격이 급락하고 거래도 잘되지 않자 분양가상한제와 재건축초과이익환수제를 완화했잖아요. 그럼에도 시장 상황이 더 나빠지면 폐지나 적용 유예도 발표할 것 같네요. 그러다 언젠가 가격이 또 급등하면 분상제와 재초환이 다시 안정화 정책으로 발표되고요. 이런 발표가 있다면 가격 하락 전환보다는 가격 추가 상승의 시그널로 보라는 말씀이시죠.

종합부동산세와 균형발전

부동산 정책 중에서도 특히 세금 관련된 정책은 사람들에게 직접적인 영향을 주기에 매우 민감한 것 같아요. 도입 초기 이중과세 논란도 있었던 종합부동산세가 대표적인데요. 2023년부터는 종부세 세율도 많이 낮아지고, 2주택자까지는 종부세 중과도 하지 않아 불만이 많이 해소된 것 같아요.

참여정부 때 도입된 종합부동산세는 세림 님 말대로 이중과세라는 논란이 있었어요. 재산세를 이미 내고 있는데 징벌적인 종합부동산세를 또 낸다는 불만이었죠. 부동산은 살 때, 갖고 있는 동안, 팔 때 모두 세금이 발생해요. 살 때는 취득세가, 보유하는 동안에는 재산세와 종합부동산세가, 팔 때는 양도소득세를 내야 하죠.

흔히 종부세 논란은 이중과세 때문이라 생각하기 쉽지만, 본질은 과도하게 느껴지는 불공정한 세율이 더 문제였어요. 우선 보유세는 보유자산의 총가치에 따라 세율과 세금이 정해지는 게 맞아요. 그런데 다주택자는 세율이 중과돼 총자산가치가 많지 않은데도 종부세를 더 많이 내는 경우가 발생하기도 해요. 예를 들어 50억짜리 주택 하나를 갖고 있는 A보다 20억 원짜리 주택 두 채를 보유한 B의 종부세가 훨씬 많이 나오는 식이었지요. 이런 문제를 해결하기 위해 세림 님이 말한 대로 다주택자 종부세 중과제도가 2023년 과세분부터 완화됐어요. 그동안은 규제지역에 집 두 채만 있어도 종부제가 중과됐는데, 2023년 부과분부터는 2주택자에게도 종부세 일반세율(0.5~2.7%)이 적용돼요. 2주택자까지는 봐주겠다는 거죠. 하지만 3주택 이상이면서 과세표준이 12억 원을 초과하면 중과(2.0~5.0%)가 적용돼요.

이중과세 이슈는 여전히 있지요. 재산세와 종합부동산세로 나뉘어 있는 보유세를 재산세로 통합하자는 논의도 충분히 할 만해요. 그런데 간과하면 안 되는 점이 있어요. 재산세는 지방세고, 종합부동산세는 국세예요. 만일 재산세로 통합한다면 비싼 부동산이 몰려 있는 서울은 세원이 더 풍부해질 겁니다. 그 세원으로 서울의 인프라는 훨씬 더 좋아지고요. 반면 지방 중소도시들은 재원 마련이 지금보다 더 힘들어질 수 있어요. 재산세와 종합부동산세를 합한 총 세율이 같다면, 즉 납세자가 부담하는 총 세액이 동일하다면 국토균형발전 측면에서는 국세인 종합부동산세가 따로 있는 게 좋지 않을까요? 전 그렇게 생각해요.

국토균형발전도 재원이 있어야 가능하니, 그 재원을 마련하는 측면에서는 국세인 종합부동산세를 따로 갖고 가는 것도 방법이네요. 납세자에게 중요한 건 세금의 총액이니, 총액이 증가하지 않는다면 납세 저항도 크지 않을 것 같아요. 여러 번 나눠 내야 하는 불편함은 남겠지만요.

투자성 높은 재건축아파트? 변동성이 큰 재건축아파트

마지막으로 최근에 완화된 '안전진단'이 궁금해요. 정부에서 완화책을 발표했는데, 정작 재건축아파트 가격은 오르지 않고 오히려 떨어지는 곳들이 더 많은 것 같아요.

　　문재인 정부 시절에는 재건축 안전진단 4개 평가항목의 가중치가 「구조안전성 50%, 설비노후도 25%, 주거환경 15%, 비용편익 10%」 순이었어요. 과장해서 말하면 '아직 무너질 염려가 적고(구조안전성), 살 만하니(설비노후도, 주거환경)' 재건축 안전진단 통과는 불가하다는 통보를 받았던 거지요. 재건축의

안전진단 완화안

재건축 안전진단 평가항목

구분	기존	변경
구조 안전성	50%	30%
설비 노후도	25%	30%
주거 환경	15%	30%
비용 편익	10%	10%

재건축 안전진단 판정기준

점수	기존	변경
30 이하	재건축	재건축
30~40	조건부 재건축	재건축
40~45	조건부 재건축	재건축
45~50	조건부 재건축	조건부 재건축
50~55	조건부 재건축	조건부 재건축
55 초과	유지보수	유지보수

시작점이라 할 수 있는 안전진단에서 가로막힌 아파트 단지가 너무 많아지자 재건축 지연에 따른 아파트 공급 부족을 문제 삼는 사람들도 생겨났어요. 안전진단 대상 아파트 거주민들은 '녹물 나오는 집에서 너희가 한번 살아봐라'라며 하소연하기도 했고요.

안전진단이 완화되면서 평가항목의 가중치가 「구조안전성 30%, 설비노후도 30%, 주거환경 30%, 비용편익 10%」로 조정됐어요. 과거에는 총점 30점 이하만 안전진단이 통과됐는데, 2023년 1월 5일부터는 45점 이하면 안전진단을 통과할 수 있어요. 이제 '좀 위험하고, 시설도 낡고, 살기 불편한 30년 이

부동산 공화국 생존지식

상의 노후 아파트'라면 안전진단 통과를 기대할 수 있게 된 거죠. 그에 따라 30년 이상 된 노후 단지가 밀집한 권역의 안전진단 통과 기대감은 크게 높아졌지만, 세림 님 말대로 가격은 오히려 떨어진 곳들이 많아요.

이 부분을 이해하려면 재건축아파트의 가격 특성을 알아야 해요. 아파트의 생애주기는 「분양 중인 신축 예정 아파트 → 신축 아파트 → 구축 아파트 → 재건축 예정 아파트」로 정리할 수 있어요. 또는 분양아파트, 일반아파트, 재건축아파트 등으로 더 단순하게 나눌 수도 있고요. 일반아파트와 재건축아파트 중에 어느 쪽이 더 투자가치가 높을까요? 대부분 재건축아파트가 투자가치가 더 높다고 생각해요. 낡은 구축 아파트가 재건축 대상이 되면 신축 아파트가 될 수 있다는 기대감이 생겨요. 그래서 재건축 사업 단계가 하나씩 통과될 때마다 아파트 가격도 계단식으로 오르죠. 안전진단을 통과하면 가격이 오르고, 조합 설립되면 또 오르고, 사업시행인가가 나면 더 오르는 식으로요.

그런데 재건축아파트가 일반아파트보다 투자성이 높다는 주장은 반은 맞고 반은 틀려요. 투자성이 높다기보다는 변동성이 크다는 게 정확합니다. 재건축아파트는 아파트 가격 상승기에 일반아파트보다 더 많이 오르고, 하락기에는 더 많이 떨어지거든요. 왜 그럴까요? 아파트 가격 상승기에는 아파

99

트를 사겠다는 사람도, 분양받겠다는 사람도 많아져요. 높은 가격에 분양할 수 있으니 사업성이 좋아지고, 사업 진척도 빨라지고, 조합원들도 얼른 재건축되기를 바라지요. 반대로 가격 하락기에는 아파트를 사거나 분양받겠다는 사람이 줄어요. 매매 시세가 낮아지니 분양가를 낮게 책정해야만 미분양을 피할 수 있어요. 사업성이 떨어지고, 사업도 지체되고, 조합원들도 부담이 커져 재건축을 밀어붙이지 않아요.

재건축, 재개발 같은 정비사업은 시간과의 싸움이에요. 그런데 가격 하락기에는 재건축 사업이 속도를 내기 힘드니 안전진단을 통과하거나 통과 기대감이 커졌다고 해서 가격이 쭉쭉 오르기 어려워요. 안전진단을 통과하고 입주까지 10년 이상 걸릴 수도 있는데, 부동산 하락기에는 사업 초기의 재건축아파트 가격은 더 떨어질 가능성이 높거든요.

여기서 질문, 향후 가격 상승기에 접어들었다면 일반아파트와 재건축아파트 중 어떤 걸 사면 더 좋을까요?

재건축아파트는 변동성이 크다고 했으니, 상승기에 접어들었다면 당연히 일반아파트보다 더 많이 오르는 재건축아파트를 사는 게 투자 관점에서는 좋겠네요. 그런데 곧 재건축될 아파트는 아무래도 너무 낡아서 생활이 불편하긴 해요. 저는 재건축아파트에 오래 살아서 그러려니 했는데, 이제 신축에 살다 보니 예전으로 돌아가서 살라고 하면 못할 것 같아요. 돈만 있다면 재건축아파트를 전세 끼고 사두는 게 좋겠지만, 재건축아파트는 전세가율이 낮아 확실히 목돈이 많이 들어요. 그래서 아는 언니도 돈이 부족하다면서 전세금 빼고 모아둔 돈 보태서 재건축아파트에 '몸빵'하러 들어갔더라고요. 아직도 재건축이 안 돼서 몸빵을 좀 오래하고 있네요.

그 언니도 이제는 재건축아파트에 오래 살아서 예전의 세림 님처럼 익숙해졌을 거예요. 세림 님 말대로 상승기에는 재건축아파트가 투자 관점에서는 좋아요. 다만 방금 말했듯이 재건축도 결국 정비사업이라서 아파트 경기가 좋아도 확실히 시간이 오래 걸린다는 점을 반드시 염두에 두고 결정해야 합니다. 곧 재건축된다고 해서 들어갔는데 10년이 지나도록 전혀 진척되지 않는 곳들이 수두룩해요. 입지가 떨어지면 사업성이 낮아서 진척이 안 되고, 입지가 좋으면 조합원들끼리 싸우다 시간 다 가고, 합심해서 뭔가 해보려고 하니 이번에는 정책이 바뀌어 재건축초과이익환수금 내라고 하는 바람에 다시 올스톱되고, 결정 못하고 질질 끌다가 경기가 안 좋아지면 다시 경기가 좋아질 때까지 또 기다려야 하죠.

그러게요. 말 나온 김에 언니는 잘 지내고 있는지 연락 한번 해봐야겠어요. 저도 재건축아파트는 투자성 높은 아파트라고만 알고 있었어요. 장기적으로 보면 투자성이 좋다고 할 수 있겠지만, 대표님 말씀을 듣고 보니 변동성이 큰 아파트로 이해하는 게 맞겠네요. 그래야 하락기에 가격 떨어졌다고 무턱대고 사두지 않을 것 같기도 해요.

예전 회사 선배인 유진 언니는 공 대표 말대로 이제는 익숙해져서 살 만하다고 했다. 무엇보다 회사에서 가까워 좋다고. 시간 내서 주말에 카페에 놀러갈 테니 그때 보자며 전화를 끊었다.

정부 정책은 크든 작든 시장에 영향을 미칠 수밖에 없다. 그런데 그 정책이 너무 많아 하나하나 챙겨보기가 어렵다. 세림도 정책이 발표될 때마다 신문기사도 읽고, 분석 영상도 찾아보곤 했다. 정책에 대한 해석은 항상 갈렸다. 정책이 의도한 방향대로 될 것이라고 말하는 사람과 이번 정책도 힘을 발휘하기 어렵고 오히려 시장을 악화시킬 거라고 말하는 사람. 대부분 후자가 맞았던 것 같다. 그 이유는 어쩌면 부동산 정책이 시장에 작용하기까지 많은 시간이 소요될 수밖에 없기 때문이겠지.

부동산 공화국 생존지식

1. 부동산 정책은 내용도 중요하지만, 정책이 시장에 영향을 미치는 데 걸리는 '시차적' 특성을 이해해야 한다.

2. 시차적 특성을 이해했다면 상승 초기에 내놓는 안정화 정책, 하락 초기에 내놓는 활성화 정책에 대한 믿음보다는 '시장 흐름의 지속'을 신뢰하는 게 좋다.

3. 소셜미디어의 발달로 정부 정책의 의도대로 부동산 시장이 움직이기까지 더 많은 시간이 소요되고 있다.

4. 부동산도 시장경제의 한 부분이므로 국내외 경제동향을 무시한 부동산 전망은 무의미하다.

5. 민간택지 분양가상한제는 가격 안정 효과보다는 사업성 감소에 따른 공급 물량 감소로 이어져, 상승기에 가격을 더 올릴 수 있다.

6. 분양가상한제는 로또 분양의 '청약시장'과 가격 상승이 지속되는 '기존주택시장'으로 주택 시장을 양분한다.

7. 시장 방향성이 바뀌면 누적된 정책 영향력이 커져 급등과 급락을 반복하게 된다.

8. 재건축초과이익환수제(재건축부담금)도 가격 상승기의 안정화 정책으로 주로 발표되는데, 공급을 줄이는 만큼 시장 안정화 정책이라 보기는 어렵다.

9. 종합부동산세는 이중과세가 아닌 국토균형발전 관점에서 볼 필요가 있다.

10. 재건축아파트는 투자성이 좋은 아파트가 아니라 가격 변동성이 큰 아파트다.

4장
———
전망 공화국

세림은 부동산 가격에 영향을 미칠 만한 요소들을 생각해 봤다. 입지, 인구, 수요·공급, 정부 정책, 물가, 금리, 심리, 거래량, 국내 및 세계경제, 경제성장률, 개발계획, 교통 등등 많아도 너무 많았다. 이 모든 게 영향을 준다고 생각하니, 공부할 게 너무 많잖아.

　　주말에는 결혼한 친구 집에 다녀왔다. 동기들 중에서 가장 먼저 집을 산 친구였다. 어떻게 집 살 생각을 다 했냐고 물었더니, 그냥 내 집에서 시작하고 싶어서 모아둔 돈에 대출받고 금액에 맞춰 샀다고 했다. 그래도 가격이 오른다는 확신이 있어서 산 것 아니냐 물으니, 확신 같은 건 없었고 지금은 오히려 가격이 떨어졌다며 웃었다. 그래도 금리가 낮을 때 고정금리 대출을 받아 지금처럼 금리가 무섭게 오르고 있어도 큰 상관은 없다고 했다. 다행이다.

대표님, 집값에 영향을 미치는 요인이 엄청 많잖아요. 공급이 부족하면 가격이 오른다, 금리가 급등하면 가격이 떨어질 가능성이 커진다, 이렇게 요인 하나하나만 놓고 보면 결과값이 비교적 명확하게 나오는데, 실제로는 다양한 상황이 함께 발생하니 예측하기가 어려워요. 벌써 집을 산 친구가 있는데 그냥 필요해서 샀다고 하더라고요. 그 말을 듣고 보니 굳이 이런저런 요인을 공부하면서 복잡하게 머리 쓸 필요가 있나 싶기도 해요.

저는 오히려 그래서 공부가 더 필요하다고 생각해요. 살다 보면 언젠가는 나만의 공간, 내 가족이 머물 집이 반드시 필요할 때가 와요. 그때 어떤 결정을 내릴지는 그동안의 공부와 경험, 자산규모와 가치관 등에 따라 달라져요. 친구가 특별히 시간을 내서 공부하지는 않았을 수 있지만, 살아오면서 내 집이 있어야 한다는 것을 직간접적으로 경험했고, 내 집에서 시작하겠다는 가치관과 목표가 생겼기에 자산규모에 맞춰 집을 샀을 거예요. 그 친구분이 공부를 했다면, 그 지식을 바탕으로 같은 돈으로 어디에 사는 것이 더 좋을지, 조금 무리해서라도 지금 사는 게 좋을지 아니면 2~4년 정도 전세를 살면서 매수 시기를 탐색하는 게 나은지까지 고민했겠지요.

공부를 하다 보면 더 관심이 가는 이론이 생겨요. 예컨대 제가 인구와 주택의 상관관계를 긍정한다고 해봐요. 인구가 감소하면 집의 필요성이 줄고, 집의 필요성이 줄어들면 집값

부동산 공화국 생존지식

도 떨어진다, 우리나라 인구는 이미 감소하기 시작했다, 그러니 이제 집값은 계속 떨어질 것이고 집을 비싸게 살 필요가 없다고 생각하는 '인구론자'라면 구태여 집을 사지 않겠지요. 어떤 요인이 장기적으로 집값에 더 영향을 미치는지 이해하는 것은 중요해요. 단순히 부동산 가격 변동 사이클에 맞춰 최적의 매매 타이밍을 잡기 위해서가 아니에요. 그보다는 집과 부동산에 대해 균형 잡힌 시각을 갖기 위함이죠. 그렇지 않으면 공급 부족 얘기만 하는 상승론자와 인구감소 얘기만 하는 하락론자들이 쏟아내는 주장에 휩쓸려 잘못된 결정을 할 수 있어요.

경제성장률과 주택가격

그럼 집값은 어떤 요인에 영향을 많이 받나요? 제가 본 영상 중에서는 경제성장률과 집값의 상관관계가 가장 와닿았어요. 이제까지 누적 경제성장률보다 집값의 상승폭이 너무 컸고 이제는 그 차이만큼 폭락할 것이라는 내용이었는데, 실제로 떨어지고 있잖아요. 경제성장률은 당연히 중요하게 봐야 하는 요인이겠지요?

경제성장률은 경제를 논할 때 가장 많이 언급되는 대표 지표 중 하나죠. 선진국보다 개발도상국의 경제성장률이 일반

적으로 더 높아요. 한국도 선진국 대열에 들어서면서 경제성
장률이 점점 낮아지고 있어요. 1986~99년 한국의 연평균 경제
성장률은 8.2%였는데 2000~09년에는 4.7%로, 2010~22년에
는 3.0%까지 낮아졌어요. 만일 경제성장률과 집값을 정(+)의
관계로 단순 매칭한다면, 선진국보다 경제성장률이 높은 개발
도상국에 투자하는 게 더 유리하겠지요. 나아가 우리나라에서
는 집을 사지 않는 게 좋고요. 이미 선진국 반열에 들어섰고, 앞
으로도 낮은 경제성장률에 머물러 있을 가능성이 크니까요.

그런데 실상은 미국이나 덴마크 같은 선진국의 주택가
격이 2000년대에도 크게 올랐거든요. 이런 현상은 어떻게 설
명할 수 있을까요? 한국도 1986~99년의 주택가격 상승률보다
경제성장이 둔화된 2000~09년과 2010~22년의 상승률이 더
높아요. 물론 1986~99년에는 주택 200만 호 공급계획의 일환
으로 1기 신도시들이 본격적으로 입주하면서 집값이 안정됐
고, 1997년의 IMF 외환위기도 있었지만요.

2000~09년에는 외환위기 후 이미 상승하기 시작한 아파
트 가격이 전 세계적인 유동성 장세로 장기 상승장을 맞이하
다가 2008년에 글로벌 금융위기를 겪었어요. 2010~22년에는
글로벌 금융위기 등의 여파로 가격이 장기 하락하다가 다시
전 세계적으로 돈이 많이 풀리면서 2013년부터 상승세로 전
환해 2021년까지 가격이 급등한 후, 2022년부터 급락으로 반

전됐어요. 여기서 질문, 지금 제가 언제 주택가격이 올랐다고 얘기했죠? '전 세계적으로 돈이 많이 풀린 유동성 장세'예요. 경제성장률도 물론 참조해야겠지만, 경제성장률보다는 시장에 돈이 얼마나 많이 풀렸나 하는 것이 집값에 더 큰 영향을 미쳐요.

통화량과 주택가격

광의통화(M2)를 말씀하시는 거죠. 지난주에 언급하셔서 우리나라 광의통화의 증가 추이를 찾아봤는데, 그동안 줄어든 적 없이 매년 증가했던데요. 그런데 집값이 매년 상승하지는 않았잖아요. 광의통화량과 집값을 매칭하는 것도 무리 아닌가요?

공부 많이 했네요. 맞아요, M2는 매년 증가했지요. 2000년말 708조였던 M2가 2023년말 3905조가 됐으니 약 5.5배나 증가했고요. M2가 이렇게 매년 증가한다고 집값도 매년 오를 수는 없겠지요. 하지만 장기적으로 집값은 M2의 누적 증가분에 수렴하는 모습을 보여왔어요. 즉 M2가 꾸준히 증가해도 집값이 떨어지는 구간이 있지만, 집값이 일단 상승세로 전환되면 그동안 벌어졌던 M2의 누적 증가분에 수렴하는 수준으로 빠르게 상승했다는 거죠.

실제로 2000년말 3.3㎡당 679만 원이었던 서울아파트 가격은 2023년말 4010만 원까지 5.9배나 상승해요. 2008년 글로벌 금융위기로 2013년까지 집값이 떨어졌음에도 장기적으로는 M2의 누적 증가분에 수렴하는 모습을 보인 거죠.

구체적인 예를 들어볼까요. 2023년의 M2 말잔은 1986년 대비 약 72배, 1987년 대비 약 55배나 증가했어요. 1986년 입주한 목동 신시가지 7단지 27평형의 평균분양가격이 2889만 원이었고 2023년말 기준 KB시세 일반가가 약 17억 8500만 원이니 62배 정도 올랐네요. 1987년 입주했던 압구정동 미성2차 49평형의 평균분양가격은 7525만 원, 2023년말 KB매매시세가 약 44억 원이니 58배 정도 올랐고요. 특정 아파트 사례를 일반화하는 것은 위험하지만, 입지가 좋고 수요가 몰리는 아파트라면 상승과 하락을 반복하면서도 장기적으로는 M2의 증가분에 수렴하는 것을 알 수 있어요.

물론 어떤 한 가지 요인만으로 집값이 움직이지는 않아요. 그랬다면 누구든 언제 집을 사면 좋을지, 언제 팔면 좋을지 고민할 필요가 없겠죠. 하지만 쉽게 변하지 않는 상수를 어떤 관점에서 바라볼 것인가는 매우 중요해요. 예를 들어 '한국의 장래인구는 감소한다'는 상수를 집의 필요성이 줄어들어 집값이 하락하는 것과 연계할지, 아니면 지역별 격차가 심화되는 것으로 이해할지에 따라 의사결정이 전혀 달라지겠지요. 또

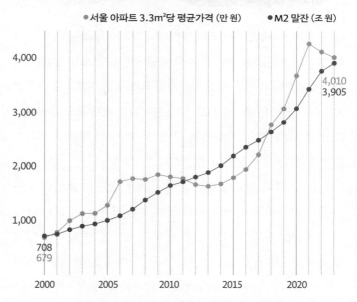

M2 말잔과 서울 아파트 3.3m²당 평균가격 추이

●서울 아파트 3.3m²당 평균가격 (만 원)　　●M2 말잔 (조 원)

출처 : 통계청(M2 말잔), 부동산R114(서울 아파트 3.3m²당 평균가격)

'한국의 경제성장률은 앞으로도 낮다'라는 상수와 '한국의 M2
는 매년 증가하고 경제성장률보다 높은 증가율을 보인다'라는
상수 중 무엇이 집값에 더 영향을 미칠 것으로 판단하는가에
따라서도 다르게 행동할 거예요. 판단은 각자의 몫이죠.

수요·공급의 균형점

와, 35년 만에 집값이 60배나 올랐다니 믿기지 않네요. 그때 집을 샀어야 하는데, 하하. 집값은 수요·공급 영향도 크게 받잖아요. 집값이 오를 때마다 공급 부족 이슈가 불거지던데, 적정 수요나 적정 공급을 어떻게 알 수 있나요? 얼마 전까지만 해도 공급이 부족하다고 난리였고 단기간에 해결하기도 어렵다고들 했는데, 집값이 갑자기 급락세로 전환되니 헷갈려요.

정말 많이 올랐지요. 그런데 지금은 무척 싸 보이는 분양 가격도 당시에는 엄청 비싸게 느껴졌을 거예요. 지금과 그때의 경제규모, 시장에 풀린 돈의 규모가 달랐던 거죠. 다시 말해 그때와 지금의 돈의 가치가 다르다는 뜻이에요. 규모 100에서 1이 차지하는 가치는 규모 6000에서 60이 차지하는 가치와 동일하잖아요. 즉 돈의 가치가 떨어진 것이고, 떨어지는 돈의 가치를 헷지(hedge)하기 위해서라도 부동산을 사야 한다는 말이 이래서 나오는 거겠지요. 집은 과거에도 그랬고 지금도 그렇고 항상 비싼 재화니까요. 그러다 시간이 오래 지나고 나면 '그때가 쌌어. 그때 샀어야 했어'라고 생각하게 되고요.

집도 수요에 비해 공급이 부족하면 가격이 올라가고, 수요보다 공급이 넘쳐나면 가격이 내려가겠지요. 적정 수요와 공급에 대해 딱 명확하게 얘기하기는 어렵지만, 일반적으로

112   부동산 공화국 생존지식

인구의 약 0.5%, 또는 아파트 재고 물량의 약 2.5%만큼의 아파트가 매년 신규 공급되면 주택 공급이 안정적이라고 말해요. 여기에서 말하는 '공급'은 아파트 입주 물량을 뜻하고요. 예를 들어볼까요. 2023년 말 서울의 인구는 약 940만 명이었어요. 940만 명의 0.5%는 약 4만 7000호네요. 2023년 말 서울 아파트 재고 물량은 약 182만 호였으니 그중 2.5%면 약 4만 5500호고요. 그래서 최근에는 서울에 아파트 4만 5000호 정도가 매년 신규 입주 예정이면 공급이 안정적이다, 신규 공급은 충분하다고 봐요.

그런데 2008년에 5만 호 넘게 입주한 이후 2009~22년까지 서울 아파트 입주 물량은 연평균 약 3만 3000호에 그쳤어요. 2019년과 2020년에는 4만 9000여 호씩 입주해 5만 호에 근접했지만 2023~25년까지는 연간 입주가 3만 호 미만일 거라 공급 부족 이슈는 계속될 겁니다. 이렇듯 최근까지 공급이 부족했고 앞으로도 당분간 그럴 거라는데, 2022년에 아파트 가격이 급락한 이유는 뭘까요? 수요 섹터를 고려하지 않았기 때문이에요. 수요가 항상 적정하게 유지될 거라고 가정한 거죠. 하지만 주택 수요는 집값 상승기에는 예상치보다 웃돌고, 집값이 어떤 식으로든 떨어지면 수요도 급감할 수밖에 없어요. 2022년에 금리가 급등하고 가격이 떨어지자 수요도 꽁꽁 얼어붙었잖아요. 이렇게 수요가 급감하면 공급(입주) 부족이 아니

전망 공화국

라 매물 적체, 거래 절벽 문제가 발생하죠.

국내 위기 vs. 국제 위기

공급 섹터만 보고 공급이 부족하니 계속 가격이 오른다고 할 수 없는 게 당연한데도, 오를 때는 더 오를 것만 같아서 마음이 조급해지나 봐요. 공급은 인허가 물량만 보면 단기 입주 물량을 예측할 수 있는데, 수요가 어떻게 변할지는 예측 자체가 어려워 사람들도 공급 얘기만 하는 것 같기도 해요. 예컨대 1997년 IMF 외환위기와 2008년 글로벌 금융위기 이후에 주택가격이 크게 하락했잖아요. 이런 위기는 예측하기 어렵고 갑자기 닥치니 대비가 사실상 불가능하지 않나요?

맞아요. 위기의 징후들이 보이지만 그러고도 몇 년 더 랠리를 하는 경우가 많지요. 마지막 랠리 때는 상승폭이 유난히 크다는 특징도 있고요. 그래서 버블 관련된 3가지 속설이 있어요. 버블은 반드시 또 생긴다, 버블은 반드시 꺼진다, 버블은 생각보다 오래 지속된다. 꺼진다 꺼진다 했는데 안 꺼지고 오래 가니 '계속 가나?' 하는 생각이 드는 거죠.

아파트 가격에 영향을 미치는 다양한 요인 중 공간적 요인 즉 '입지' 외에도 3가지 정도는 의미 있게 볼 필요가 있어요.

앞에서 말한 '현금유동성(광의통화, M2)', '수요와 공급', 그리고 세림 님이 방금 말한 외환위기나 글로벌 금융위기와 같은 '외부 충격'이에요. 외부 충격은 경제 전반의 환경이기도 하죠. 경제가 안 좋은데 부동산만 계속 좋기는 어려워요. 반대로 경제가 좋은데 부동산 경기만 계속 나쁘기도 어렵고요. 문제는 끝날 때까지 끝난 게 아니듯 터질 때까지는 터진 게 아니고, 언제 터질지도 모른다는 겁니다.

일단 외부 충격으로 집값이 급락하게 되면 수요도 급감하겠지요. 그러면 '거래 절벽', '거래 빙하기', '거래 동파기' 같은 말들이 나오기 시작해요. 이 정도면 충분히 떨어졌으니 사도 되겠다고 생각해서 샀는데 더 싸게 나온 매물도 팔리지 않는 상황이 이어지죠. 집값이 오랜 기간 상승하다가 경제가 급격하게 나빠지는 외부 충격으로 떨어지기 시작하면 대부분 경착륙한다고 봐야 해요. 경착륙을 막고 연착륙시키기 위해 다양한 정책을 낸다 해도, 시장 참여자는 경착륙 가능성이 크다는 전제하에 시장에 접근할 필요가 있어요. 산이 높으면 골이 깊으니 경착륙 가능성이 크고, 가격 상승기에 내놓았던 수많은 안정화 대책을 한꺼번에 해제할 수도 없으니 경착륙을 피하기는 어려워요.

그런데 똑같은 외부 충격이라도 1997년 IMF 외환위기 후 급락했던 집값의 반등 속도와 2008년 글로벌 금융위기 후 하락했던 집값의 반등 속도는 차이가 있었어요. 외환위기 때는 짧은 폭락기를 거쳐 곧 급반등했어요. 반면 글로벌 금융위기 때는 집값 하락세가 꽤 오래갔지요. 왜 차이가 날까요? 외환위기 전에는 주택 200만 호 공급 정책 등의 영향으로 오랫동안 집값이 크게 오르지 않았다는 것도 이유가 되겠죠. 그러나 그보다는 근원적으로 국내 위기냐, 전 세계적 위기냐의 차이라고 생각해요.

국내 위기는 그 위기만 극복하면 우리나라의 경제환경이 바로 달라져요. 반면 세계적 위기는 하나의 위기를 극복한 것 같았는데 다른 곳에서 또 위기가 터지고, 그러면서 한국경제에 계속 영향을 미쳐요. 2008년 글로벌 금융위기 후 2012년 유럽 재정위기가 닥쳤던 것처럼, 2022년 인플레이션을 잡기 위해 취했던 급격한 금리 인상과 긴축이 향후 경기침체, 다른 나라들의 신용경색으로 이어질 가능성도 커요. 따라서 집값에 영향을 미친 외부 충격이 국내 이슈인지 국제적인 문제인지 따져보고 시장에 재진입할 시기를 저울질하는 게 현명 해요.

집값은 주식과 달리 변동성도 작고 예측도 상대적으로 용이할 줄 알았는데 너무 쉽게 생각했던 것 같아요. '서울의 수요는 충분한데 공급이 부족하다, 그러니 계속 오를 것이다'라고 주장하는 영상을 예전에 너무 많이 봤나 봐요. 지금 생각해보니 '인구는 감소

한다, 집이 남아돈다, 집값은 떨어진다'라는 영상만 보는 것만큼
이나 위험하네요. 다행히 저는 아직 독립 계획도 없고 돈도 없어서
고점에 물리지는 않았지만요. 오늘 이야기 중에는 M2 증가분과
비슷한 수준으로 가격이 올랐던 구체적인 아파트 사례가 특히 기
억에 남아요. 다음에도 설명하실 때 사례를 많이 들어주시면 좋겠
어요.

거래량과 주택가격

가격 전망을 할 때 거래량도 함께 보라는 얘기를 많이 하잖아요.
사겠다는 사람이 많아져 거래량이 증가하면 가격이 오르고, 사겠
다는 사람이 적어져 거래량이 줄면 가격이 떨어지고요. 반대로 가
격이 오를 것 같아 사겠다는 사람이 많아졌고, 가격이 떨어질 것
같아 사겠다는 사람이 줄어든 것일 수도 있지만요. 닭이 먼저인지
달걀이 먼저인지 알 수 없는 거래량과 가격을 갖고 전망하는 게 가
능한가요?

시장의 큰 흐름, 사이클을 읽는다는 측면에서 보면 충분
히 가능하죠. 거래량과 가격의 상관관계를 설명하는 이론 중
가장 유명한 게 '벌집순환모형(Honeycomb Cycle)'이에요. x축
이 주택 거래량이고 y축이 주택가격입니다. 벌집 모양의 육각

형을 순환한다는 단순한 모형이지만 거래량과 가격의 상관관계를 가장 잘 보여주는 견고한 이론이죠.

1국면부터 살펴볼까요. 1국면은 회복기예요. 오랜 침체/불황기를 겪으면서 주택가격은 많이 떨어진 상태겠지요. 쌓여만 갔던 미분양 물량은 시간이 흐르면서 조금씩 줄어들고, 건설사는 아파트 신규 분양을 축소, 철회하면서 침체/불황기를 어떻게든 버텨냈을 겁니다. 정부 정책도 장기간 침체된 주택경기를 살리기 위해 시장 우호적으로 모두 전환된 상태일 거예요. 이런 시기에 1국면에 접어들면 반등에 대한 기대감으로 거래량이 증가해요. '가격은 충분히 빠졌다, 공급도 부족하다, 이제는 사도 될 것 같다'고 생각하는 사람들이 늘어난다는 거죠. 그에 따라 투자 수요와 실거주 수요가 모두 증가하면서 거래가 활발해집니다. 거래량이 폭발하고 가격도 상승하는 시기죠. 즉 수요가 증가하면서 거래량이 빠르게 늘고 가격도 상승하지만, 건설사가 침체/불황기에 분양을 접다시피 해서 공급은 부족한 시기예요. 1국면 후반부가 되면 정부도 주택가격을 안정시키기 위한 첫 번째 정책을 내놓아요.

2국면은 호황기예요. 이 시기가 되면 1국면에 비해 거래량은 감소해요. 1국면에서는 매매가격 오름폭을 전세가격이 미처 따라가지 못해 전세가율이 점점 떨어져요. 매매가와 전세가의 갭이 커지니(전세가율이 떨어지니) 2국면에 접어들면 갭

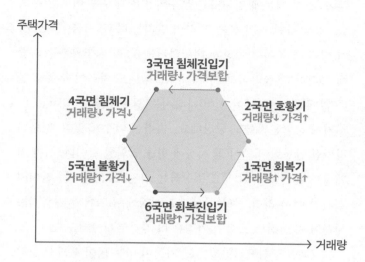

벌집순환모형 (Honeycomb Cycle)

주택가격

3국면 침체진입기
거래량↓ 가격보합

4국면 침체기
거래량↓ 가격↓

2국면 호황기
거래량↓ 가격↑

5국면 불황기
거래량↑ 가격↓

1국면 회복기
거래량↑ 가격↑

6국면 회복진입기
거래량↑ 가격보합

거래량

투자하겠다는 사람들은 줄어들겠지요. 2국면에서는 이렇게 투자 수요가 줄면서 전체 거래량이 감소하지만, 가격은 가파르게 오르면서 급등해요. 매매가도 전세가도 모두 크게 오르면서 '벼락거지', '전세난민' 등의 이슈가 이때 발생하죠. 투자 수요가 줄어드는 반면 매수 전환 실거주 수요는 증가해요. 전세가도 급등하고 집값도 계속 오르다 보니 지금이라도 집을 사야 한다고 생각하는 사람들이 많아지기 때문이죠.

2국면에 접어들면 급등하는 가격과 폭발한 민심을 잡기

119

위해 정부가 안정화 정책을 쏟아내지만 급등장을 막기는 쉽지 않아요. 집 때문에 일어나는 부부싸움은 대부분 이때 발생하죠. '지금 사면 꼭지 잡는 거'라며 말리는 쪽과 '지금이라도 사야 한다'는 쪽이 첨예하게 대립하거든요. 이렇게 싸우는 와중에 가격이 더 올라버려 이제는 사고 싶어도 자금이 부족해 살 수 없게 돼 부부 사이가 더 나빠지는 경우도 종종 있어요. 이 시기에 하락론자들도 등장해요. '가격이 너무 올랐다, 정부의 강력한 안정화 정책이 곧 시장에 힘을 발휘할 것이다, 이미 거래량도 줄기 시작했'고 주장하는 거지요. 언젠가는 떨어지겠지만 이런 하락 전망이 실제로 시장에서 일어날 때까지는 시간이 꽤 걸려요. 그동안 가격은 더 가파르게 오르고요.

3국면은 침체진입기예요. 가격이 너무 많이 올라서 고점이라는 것을 투자자도 실수요자도 인지하는 시기죠. 언제 떨어져도 놀랍지 않다고 느끼기 시작하는 시기이기도 해요. 이때는 거래량이 더 감소하고 가격 상승도 멈춰요. 이 시기에 기사에 많이 나오는 단어가 '숨고르기', '시장관망', '눈치보기'예요. 수요는 줄었는데 회복/호황기에 분양했던 아파트들이 본격적으로 입주를 시작하는 시기이기도 하죠. 입주가 늘어나니 전세가격도 떨어지기 시작해요. 투자자라면 늦어도 3국면에는 팔고 나와야 하겠지요. 그러나 실상은 투자자의 수익실현 니즈는 증가하는 반면 실수요자는 가격부담으로 선뜻 매수하

부동산 공화국 생존지식

기 어려운 시기예요. 그래서 거래가 쉽지 않죠.

각각의 국면별로 설명을 들으면서 벌집순환모형을 보니 부동산 시장의 사이클이 더 쉽게 이해됐어요. 상승기에는 2국면처럼 거래량이 감소해도 가격이 더 오르네요. 값이 비싸니 사겠다는 사람은 1국면보다 줄지만 이미 탄력을 받은 상승 시장은 더 올라간다는 거죠. 반면에 하락기에는 5국면과 같이 거래량이 증가해도 가격은 더 내려가고요. 이제는 충분히 싸다는 생각에 사는 사람이 많아져 거래량은 4국면에 비해 늘지만 하락하는 시장이 좀 더 이어진다고 이해할 수 있겠네요. 이렇게 보면 지금이 상승/하락 중 어떤 사이클인지, 순환 과정의 어디에 있는지, 어느 국면인지를 감안하지 않고 단순하게 '거래량 증가 = 가격 상승, 거래량 감소 = 가격 하락'으로 보는 것은 위험하네요. 4국면부터도 알려주세요.

　　4국면은 침체기예요. 매매가와 전세가가 모두 크게 떨어지는 시기죠. 가격이 폭락하니 사겠다는 사람도 없어 거래량이 급감해요. 전세 만기가 돌아온 세대도 떨어지는 칼날을 잡기보다는 전세 연장에 무게를 싣지요. 매매가격이 떨어지니 전세가격도 함께 떨어지고, 회복/호황기에 분양했던 아파트 물량이 봇물 터지듯 입주하다 보니 여기저기서 세입자를 못 구하는 역전세난이 벌어져요. 이제 상황이 역전돼 세입자는 같은 전세금으로 더 좋은 지역으로 가거나, 전세금을 낮춰 전세 연장을 할 수 있게 되지요. 이때 신문에 주로 등장하는 단어가 '거래절벽', '급급매', '미분양 증가', '역전세난' 등이에요.

5국면은 불황기예요. 세림 님 말대로 이 정도면 충분히 싸다고 생각하는 사람들이 늘면서 급매물이 소진되고 거래량은 4국면보다 증가해요. 매매 거래량이 소폭 증가하지만 가격 하락세는 좀 더 이어지죠. 전세가는 하락을 멈추고 횡보하는 시기예요. 불황기에는 어차피 좋은 가격에 분양할 수 없으니 건설사들도 신규 분양을 축소하거나 아예 중단해요. 그 결과 5국면 초기에 증가했던 미분양 물량은 후기에 가까워질수록 감소하지요.

마지막으로 6국면은 회복진입기예요. 하락장이 길게 이어지면서 '집값도 떨어지는데 뭐 하러 집 사냐, 전세가 유리하지'라고 생각하는 사람들이 많아져 전세가격이 오르기 시작해요. 매매가격은 하락한 상태에서 큰 변동 없이 유지되고 있는데 전세가격만 올라가니 전세가율이 높아지죠. 이렇게 매매가와 전세가의 갭이 좁아지면(전세가율이 높아지면) 갭투자를 하기 좋은 환경이 조성되지요. 하지만 침체의 끝을 알기 어려워 거래량이 다소 회복된다고 해도 여전히 매매하기는 쉽지 않아요. 매매가 쉽지 않고 전세가율도 높아졌을 때 집주인들은 으레 세입자에게 이렇게 말합니다. '전세값도 많이 올랐고 2억만 보태면 지금 집을 살 수 있으니, 이번 기회에 전세 연장하지 말

부동산 공화국 생존지식

고 그냥 내 집 사시라, 내가 싸게 줄게.' 집주인이 이렇게 얘기할 때가 저점이 경우가 많아요. 이때 집을 사는 사람도 있고, 요새 누가 집을 사냐며 거절하는 사람도 있겠지요.

 그래서 전세가율을 기준으로 매수 시기를 얘기하는 분들도 있군요. '아파트 전세가율이 70%대로 상승했을 때 집을 사는 게 좋다, 아직은 아니다'라는 말이 무슨 뜻인가 했어요. 벌집순환모형대로 아파트 시장이 순환한다는 것을 알아도 언제 국면이 전환되는지를 정확히 맞히는 건 역시나 불가능한 것 같아요. 하지만 현재 부동산 시장에서 벌어지는 일들이 어느 국면에서 주로 발생하는 것인지 알고 있으면, 지금 위치와 앞으로 갈 곳의 방향 정도는 읽을 수 있어 확실히 도움이 될 것 같네요.

공 대표는 다음 주에는 집값에 영향을 미치는 요인 중 '공간적 요인'을 다뤄보는 게 어떠냐고 했다. 집에 돌아가는 길에 최근에 집을 산 친구 지은이에게 전화를 걸었다. 집 살 때 무엇을 중요하게 보고 결정했냐고 물었더니 공인중개사 자격증 때문인지, 그럴 걸 왜 자기에게 물어보냐고 농담 섞인 핀잔이 돌아왔다. 하지만 이어지는 이야기를 들으니 뭐든 실제로 해본 사람들은 확실히 고민의 깊이가 달랐다. 지금 살 것인지 아닌지, 가용자금은 얼마고 얼마까지 대출받을 수 있는지, 그 금액에 살 수 있는 아파트 중 마음에 드는 곳은 어딘지를 꼼꼼히 따졌다고 했다. 그리고 부부 모두 아파트 구매는 처음이어서 부동산을 잘 아는 지인들의 조언도 참고했다고 했다. 똑부러진 지은이다웠다.

많은 사람이 자기만의 논리로 각자 전망을 한다. 전문가의 전망은 대부분 틀리고, 친구들의 예상도 번번이 빗나간다. 전망과 예상이라는 것은 현 상황에 기반을 두고 하는 것인데, 시간이 지나면서 그 상황 자체가 변하기 때문이라고 세림은 생각했다. 부동산에 대한 사람들의 관심이 워낙 높다 보니 모두가 저마다 전망하는 '전망 공화국'이 된 것은 아닐까? 전망이 틀리면 상황이 급변했다고 둘러대면 되고, 원인 분석은 틀려도 결과만 맞히면 다들 전문가라고 해주니, 그래서 모든 사람이 쉽게 전망하고 주장하나 보다.

전망 공화국 √Point

1. 살면서 가장 큰돈이 들어가는 부동산 의사결정의 순간은 누구에게나 온다. 그때를 위해 부동산 기초 공부를 미리미리 해두는 게 좋다.

2. 집값과 경제성장률은 상관관계가 낮다.

3. 집값은 장기적으로 광의통화(M2) 증가분에 수렴하는 방향으로 움직인다.

4. 모든 집값이 통화량 증가분만큼 오르는 것은 아니다. 사람들의 주거 수요가 몰리는 곳을 찾아야 한다.

5. 수요가 충분하다는 말도 가격 하락기에는 적용되지 않는다. 수요는 매우 유동적이다.

6. 가격이 떨어져 수요가 감소하면, 입지가 좋아도 공급 부족이 아니라 매물 적체의 문제가 생긴다.

7. 부동산 시황을 읽을 때 중요하게 봐야 하는 3가지 : 현금유동성(M2), 수요/공급(의 변화), 외부 충격(경제 전반의 흐름).

8. 세계적 차원의 충격은 국내 이슈로 발생한 충격보다 회복하는 데 더 오래 걸린다.

9. '벌집순환모형'으로 현 시장이 어느 국면에 속해 있는지 알면 향후 시장이 어떻게 전개될지 예상할 수 있다.

10. 거래량이 증가한다고 반드시 가격이 오르는 것은 아니다. 하락장에서는 거래량이 회복돼도 가격 하락이 더 이어질 수 있다.

5장

지하철 공화국 (feat. 사교육 공화국)

공간적 요인. 결국 입지 얘기다. 어디가 좋은지는 사실 누구나 안다. 교통이 편리하고 자연환경이 쾌적하고 교육환경이 잘 갖춰진 곳이 당연히 좋겠지. 문제는 이런 곳은 비싸다는 거다. 돈에 맞춰 가는 게 맞냐, 아니면 무리해서라도 더 나은 입지를 찾아가는 게 맞냐는 고민. 입지가 좋은 20평대 아파트가 낫냐, 입지가 다소 떨어져도 40평대로 가는 게 맞냐는 선택의 순간에 어떤 결정을 하면 좋을까? 정답이 없는 얘기들이지만, 그렇기에 얘기를 나누다 보면 힌트를 얻을 수 있지 않을까 생각하며 세림은 수업 때 마실 커피 두 잔을 내렸다.

교통, 자연환경, 커뮤니티

비슷한 시기에 동일한 입지에 지어졌다면 단지를 구성한 아파트가 나홀로 아파트나 주상복합아파트보다 비싸고, 나홀로 아파트는 또 빌라보다 당연히 비싸잖아요. 중요한 건 그 차이, 즉 가격의 갭이 점점 커진다는 거고요. 이런 것처럼 입지도 서열화할 수 있나요? 입지에 영향을 미치는 요소가 너무 많아 어려울 것 같은데요. 여기는 교통이 좋고, 저기는 공원이 바로 옆이라 좋고, 거기는 교육환경이 좋을 수 있으니까요.

왠지 논문 쓰기 딱 좋은 주제 같은데요. 세림 님이 방금 말한 3가지가 아파트 가격에 가장 큰 영향을 미친다고 저도 생각해요. 교통, 자연환경 그리고 학군을 포함한 커뮤니티. 이 3가지 요소는 우리나라뿐 아니라 전 세계 주요 도시 어디에나 적용 가능해요. 그 중요성을 누구나 잘 알고 있으니 아파트 분양 홍보문구에도 절대 빠지지 않지요. '우리 아파트는 지하철역에서 도보 5분 거리이고, 근린공원과 붙어 있고, 단지 내 초등학교가 있다' 이런 식으로요. 개개인이 추구하는 라이프스타일이나 중요하다고 생각하는 요소에 따라 무엇에 더 점수를 줄지는 각자 달라지겠지만요. 기관지가 약해서 깨끗한 공기가 무엇보다 중요하다면 지하철역에서 멀어도 산자락에 있는 아파트를 좋아할 수 있어요. 자녀들이 취학할 때나 중학교에 갈 때는 회사에서 멀어지는 한이 있어도 교육환경이 양호한 곳을 선택하겠지요.

이런 선택으로 나의 개인적 니즈는 만족시킬 수 있어요. 하지만 큰 목돈이 들어가는 집을 결정할 때는 거주가치와 함께 자산가치도 무시할 수 없죠. 집의 가치와 가격은 내가 원하는 조건이 아니라 사람들이 보편적으로 원하는 것에 따라 결정됩니다. 나무가 아닌 숲을 보라는 말이 있듯이, 집을 선택할 때는 나의 욕구만 보지 말고 사람들이 갖는 보편적 욕망도 함께 봐야 해요.

기승전 '지하철'

사람들이 보편적으로 좋아하는 곳이라면, 저번에 말한 대로 좋은 회사들이 밀집한 핵심 오피스 권역에 대중교통으로 빠르게 갈 수 있는 곳들 같은 것 말씀이시죠. 최근에 집을 산 제 친구도 무조건 지하철에서 가까운 곳 중심으로 알아봤다고 했어요.

맞아요. 교통, 자연환경, 커뮤니티를 모두 갖춘 곳이면 더 할 나위 없겠지만, 그중에서도 집값에 가장 큰 영향을 미치는 요소는 교통이에요. 경제 중심지인 핵심 오피스 권역에 대중교통으로 얼마나 빠르고 편하게 갈 수 있느냐가 중요하죠. 여기서 말하는 대중교통은 광역버스가 아닌 지하철이고요. 나중에 GTX가 개통되면 GTX도 포함해서요. 강북권에서 지하철로 환승 없이 도심(CBD)과 여의도(YBD)에 10분 안에 갈 수 있는 '마포래미안푸르지오'와, 도심과 강남(GBD) 접근성이 모두 뛰어난 '래미안옥수리버젠'이 인기 많은 이유도 이것 때문이에요.

그런데 누군가는 이렇게 반문할 수 있어요. 사실 서울은 지하철이 안 가는 곳이 거의 없을 정도로 노선도가 빽빽하잖아요. 그만큼 지하철역과 가까운 역세권 아파트도 많지 않느냐고 말이죠. 그렇다면 이제는 핵심 오피스 권역과 가까운 지하철역인지가 중요해져요. 그래서 지하철 노선이 중요하고, 여기서 차별성이 생기게 됩니다.

이게 무슨 뜻이냐면요, 예컨대 교통의 중요성을 누구나 알다 보니 요즘에는 '트리플역세권'이라고 홍보하는 분양 아파트들도 종종 보이지요. 하지만 실상은 어떤가요? 트리플역세권 운운하는 아파트들 대부분은 3개 역에서 모두 멀어요. 얼마나 많은 지하철역을 접하고 있느냐보다는 노선 좋은 지하철역 하나를 제대로 접하고 있는 게 중요하니, 이런 홍보성 문구에 마음을 뺏기지 않는 게 좋아요.

신도시일수록 무조건 역앞으로

트리플역세권은 역세권이 아니다, 재미있네요. 좋은 노선의 역 하나와 가까운 게 더 중요하다면, 경기권은 GTX역이 어디에 들어서는지 눈여겨봐야겠네요. GTX가 개통되면 정말 많은 변화가 생기겠죠. 신도시들의 서울 접근성이 획기적으로 좋아지잖아요. 그래서인지 GTX 개발계획이 발표될 때마다 역 주변 아파트 가격도 크게 오르던데요.

GTX에 대한 기대는 저도 커요. 서울의 집 부족 문제를 해결하기 위해 수도권 외곽까지 대규모 신도시가 많이 들어섰지만 그에 비해 교통 여건은 너무 열악하죠. 지하철 노선이 닿지 않는 곳도 있고, 다행히 연장 개통됐다 해도 경유역이 너무 많아 지하철에서 드라마 한 편을 다 볼 정도라고 하니까요. 그 긴 거리를 대부분 서서 가야 하고요. GTX가 들어서면 이런 출퇴근 불편이 많이 개선될 걸로 기대돼요. 여기에 장점이 하나 더 있는데요, GTX역이 생기면 역 주변으로 인프라도 잘 갖춰질 겁니다. 덕분에 GTX역과 가까운 아파트는 역 접근성도 좋고, 이런 인프라를 이용하기도 편하니 당연히 권역 내 최고의 아파트가 될 수 있어요.

여기서 가장 중요한 것은 무조건 GTX역 바로 앞에 있고 이면에 초중고등학교, 특히 초등학교를 품고 있는 아파트 단

지를 선택해야 한다는 거예요. 신도시에서는 자연환경의 중요
도가 상대적으로 적어요. 오히려 신도시에서는 자연환경이 좋
을수록 지하철역과 먼 경우가 많아서 그 거리만큼 아파트 가
치가 떨어져요. 단지 바로 앞에 GTX역이 있고, 단지 내에 초등
학교를 품고, 단지 후면에 큰 공원까지 접한다면 자연환경도
큰 의미를 갖겠지만 그럴 확률이 너무 낮지요.

GTX역은 일반 지하철역과 달리 역 사이 간격이 무척 길
어요. 즉 권역 내에 딱 하나의 GTX역만 존재하는 거죠. 지하철
시대에는 1급지인 A역에서는 멀지만 2급지인 B역과는 가까울
수 있었어요. 하지만 GTX 시대가 되면 GTX역에서 가깝거나
멀거나 둘 중 하나예요. 당연히 GTX역과 가까울수록 비싸고
멀어질수록 가격은 떨어지죠. 시간이 지날수록 그 갭은 커질
수밖에 없고요. GTX를 타고 와서 집에 가기 위해 또 지하철이
나 버스로 갈아타는 경우는 피할 수 있다면 반드시 피하는 게
좋아요. GTX역 바로 앞은 비싸지만, 비싼 만큼 거주하는 동안
생활하기도 출퇴근하기도 편하고 향후 가치 상승폭도 더 큽니
다.

GTX를 포함한 지하철역의 유무가 아파트 가격과 민심
에 큰 영향을 미치니 노선의 신설과 연장 여부, 역의 개수와 위
치 등에 대해 시민들은 물론 지자체도 민감하게 반응할 수밖
에 없어요. 너무 많은 인구가 서울을 비롯한 수도권에 밀집해

부동산 공화국 생존지식

살다 보니 아파트 외에 거주 대안이 없어 '아파트 공화국'이 됐듯이, 이 많은 사람들을 원활하게 이동시키기 위해서는 '지하철 공화국'이 될 수밖에 없는 거죠.

지하철이 이렇게 중요하다 보니 역세권 주택가격은 지하철 노선 개발이 발표될 때 한 번, 실제 착공되면 또 한 번, 그리고 마지막으로 개통되면 또 올라요. 발표, 착공, 개통할 때 큰 경제위기를 겪지만 않으면 그렇죠. 단, 좋은 노선이라면 발표, 착공, 개통 때 모두 오르지만 노선이 좋지 않으면 발표, 착공 때 올랐다가 개통되면 오히려 떨어지는 경우가 많아요. 개통 효과가 기대에 못 미치거나 발표와 착공 때 이미 시세에 과하게 반영됐기 때문이죠.

지하철만 개통되면 역 주변 집값은 당연히 더 오른다고 생각했는데 오히려 떨어지는 경우도 있네요. GTX는 노선이 좋으니 개통되면 GTX역 주변은 더 오른다고 봐도 되겠죠?

GTX 개통에 대한 기대감이 이미 가격에 과하게 반영됐다면 GTX 개통 후에 가격이 떨어질 수도 있죠. 그렇게 되면 덩달아 가격이 뛰었던 인근 지역, 그중에서도 GTX역과 거리가 먼 곳일수록 낙폭이 더 커질 겁니다. 하지만 GTX역 자체가 많지 않고 역 주변으로 인프라가 잘 형성될 수밖에 없어서 GTX역 접근성이 뛰어난 아파트 단지의 장기적 전망은 좋아요.

단, GTX가 개통되면 서울까지의 '시간적 거리'는 단축되지만 사람들의 '심리적 거리'도 단축될지는 의문이에요. GTX로 서울 출퇴근이 한결 편해진다지만 GTX 요금이 비싸게 책정되고 이후로도 계속 인상된다면 서울 입성을 꿈꾸는 사람들이 다시 많아지지 않을까요.

이와 함께 GTX 노선을 볼 때는 서울 중심부 어디로 연결되는지 꼭 봐야 해요. GTX 환승역인 삼성역, 서울역, 청량리역과 함께 여의도역, 용산역도 눈에 띄네요. 이미 활성화된 곳은 더 발전하고, 개발이 더딘 곳들은 GTX역 개통에 맞춰 크게 변할 가능성이 높겠지요.

3박자를 모두 갖춘 한강변 아파트

GTX 노선 발표 이후 기대감으로 크게 올랐던 아파트일수록 집값이 하락세로 돌아서니 무섭게 떨어지더라고요. 말씀하신 대로 GTX역과 거리가 먼데도 GTX 개통 호재를 애써 엮어서 홍보했던 아파트들은 고점 대비 거의 반토막이 났던데요. 서울 내에서도 지하철역 접근성이 중요하지만, 서울을 벗어난다면 무조건 지하철역이나 GTX역 바로 앞에 있어야 한다는 게 정말 와닿아요. 대표님, 그렇다면 나머지 두 요소인 자연환경과 학군 중에는 어떤 걸

우선적으로 보는 게 좋아요?

자연환경과 학군은 우열을 가리기가 어려워요. 자연환경만 봐도 그렇죠. 서울 거주자들 대부분이 원하는 한강 공원을 접한 곳은 가치가 무척 높은 반면 공원이나 산, 기타 하천을 접한 아파트는 한강변 아파트보다 가치가 떨어지잖아요. 또한 대치동처럼 학군 좋고 사교육 환경도 최고인 곳이라면 이렇다 할 자연환경이 없어도 높은 가치를 부여할 수 있지만, 초중고등학교를 품었다는 이유만으로 모든 대단지 아파트가 대치동 수준으로 가치를 인정받지는 않아요.

서울 내에서도 이런 격차는 갈수록 심화될 겁니다. 한강변을 접한 아파트와 그렇지 않은 아파트는 갭이 점점 벌어지겠죠. 강남 3구에서도 한강변을 접한 동네는 반포동, 잠원동, 압구정동, 청담동, 삼성동, 잠실동, 신천동 딱 7개 동(洞)뿐이에요. 그중에서도 한강을 바로 앞에서 볼 수 있는 아파트는 얼마 되지 않아요. 시간이 갈수록 사람들이 그 희소성에 더 큰 가치를 부여할 겁니다. 한강은 서울이 품은 가장 멋진 자연환경이자 공공재예요. 그러니 서울 시장이 누가 되든 한강변 개발은 계속되겠죠. 그러면 한강 공원을 접한 아파트들의 가치도 자연스럽게 더 올라가지 않을까요? 이곳들은 이미 교통도 좋고 학군도 뛰어나니 교통, 자연환경, 학군의 3박자를 모두 갖춘 셈이죠.

지하철 공화국 (feat. 사교육 공화국)

강북에서도 마용성(마포구, 용산구, 성동구) 중 한강변을 접하고 남향으로 한강 뷰가 가능한 아파트의 전망은 매우 밝아요. 그동안 이 지역은 강남 3구와 달리 동부이촌동 외에는 이렇다 할 아파트 단지가 없었어요. 그러나 동부이촌동 재건축이 완료되고 한남뉴타운 및 성수전략정비구역에 아파트 단지가 들어설 10여 년 후에는 가장 큰 변화가 일어날 곳이죠. 10년이면 강산이 변한다고들 하는데, 10년 후 이 지역의 변화를 강 건너에서 바라보면 이 말을 정말 실감하지 않을까요?

서울 TOP3 학원가

학군은 어떤가요? 같은 한강변 아파트에 교통도 좋다지만 강북은 강남에 비해 학군이 떨어지지 않나요? 아는 언니도 출퇴근이 편하다고 '마포래미안푸르지오'에 살았는데, 아이가 중학교 갈 때가 되니 강남으로 이사해야 하나 고민하더라고요. 3요소 중 학군이 떨어지니 강북은 10년 후에도 한계가 있는 것 아닌가요?

한국의 사교육 1번지는 누가 뭐래도 대치동이죠. 공교육이 제 기능을 다하지 못하다 보니 사교육 시장이 더 커지고, 사교육에 의존하다 보니 이제는 공교육 정상화를 포기한 느낌마저 들어요. 사교육 없이 공교육만으로도 잘 돌아가면 좋겠지만 쉽지는 않아 보이죠. 경쟁이 치열한 한국 사회에서 누군가가 우위를 차지하기 위해 사교육을 받는데 나 혼자 공교육만 믿고 버티기는 불안하니까요.

그래서 사교육에 대한 열정 또는 의존이 크고 여력도 되는 사람들은 대치동으로 많이들 이사를 가죠. 탄탄한 사교육 캐슬을 만든 대치동 외에 목동, 중계동도 사교육 환경이 좋다고들 해요. 소위 서울의 TOP3 학원가죠. 이 3개 동네는 서로 멀리 떨어져 있지만 공통점이 있어요. 대규모 아파트 단지가 특정 시기에 몰려서 일시에 입주했다는 거지요. 대치동은 1980년 전후, 목동은 1980년대, 중계동은 1990년대에 아파트가 대거 입주했어요. 이렇게 뉴타운 급의 아파트가 일시에 공급되면 왕성하게 경제활동을 하는 젊은 세대가 주로 입주해요. 그에 따라 교육 수요자인 학생들도 많아지니 학원이 늘어나고, 학원가가 생기고, 학원끼리 경쟁하느라 수준이 높아지면서 사교육 환경이 좋아지는 거죠.

기존의 서울 강북권 아파트 밀집 지역들은 도심, 강남, 여의도 등 핵심 오피스 권역과의 거리가 멀었어요. 중계동도 교육환경은 좋지만 도심 접근성이 떨어지고, 은평뉴타운이나 길음뉴타운 등도 교통이 좋지는 않지요. 최근 들어서야 강북도 교통 좋은 곳에 대규모 아파트 단지가 입주하기 시작했어요. 대표적인 곳이 언니가 산다는 마포고요. 그에 따라 학원 사업하기 좋은 충분한 수요층이 만들어지고 있으니, 다소 시간은 걸리겠지만 앞으로 교육환경도 좋아질 수밖에 없어요.

그 언니처럼 지금 당장 결정해야 하는 거라면 마포 집을 전세 놓고, 대치동에 전세로 들어가는 것도 생각해볼 만해요. 지금은 마포의 교육환경이 핸디캡이지만 시간이 지나면서 옅어질 테니 섣불리 매매하긴 아깝죠. 교통이 좋아 높은 가격대를 유지하는 강북권 아파트 밀집 권역은 시간이 갈수록 교육이 핸디캡이 아니라 오히려 프리미엄으로 작용할 수 있어요. 세대수가 많은데 소득 수준도 높아 자녀교육비 지출 여력이 크다면, 좋은 학원과 학원 프랜차이즈들이 잇따라 들어올 수밖에 없을 테니까요.

출퇴근이 편하고 초등학교가 가까운 곳

대치동, 목동, 중계동이 3대 학원가라는 것은 알고 있었지만 왜 그 지역인지는 생각해본 적 없었는데, 그런 공통점이 있었네요. 결국 사교육도 사업이고, 사업은 사업하기 좋은 환경을 찾아간다는 말씀이시죠. 대규모 아파트 단지가 일시에 들어서면 신규 수요가 창출되니 앞다퉈 학원이 들어선다는 거네요. 대치동 학원가가 잘돼 있으니 대치동 학원까지 등원할 수 있는 주변에서도 대치동으로

부동산 공화국 생존지식

몰리고, 목동, 중계동도 그렇고요. 그렇게 보면 대치동, 목동, 중계동 모두와 먼 마포권역에 학원가가 새로 생길 가능성도 높아 보여요. 언니에게 이 얘기를 해주면 좋아하겠어요. 강남으로 이사 가기에는 자금이 모자라서 고민이라던데, 향후 교육 핸디캡이 없어져 아파트 가격에 긍정적 영향을 줄 수 있다고 말해줘야겠어요.

교통, 자연환경, 학군이 중요하다고 해도 3박자를 모두 갖춘 곳은 말씀하신 대로 비싸잖아요. 사람들이 보편적으로 좋아하는 아파트를 선택해야 하는데 그런 아파트는 비싸다, 왠지 도돌이표 같아요. 어차피 다 충족하기 어렵다면, 아파트를 선택할 때 이것만은 꼭 보라고 꼽을 만한 건 없나요?

듣고 보니 그렇네요. 세림 님 예리한데요? 당연히 한정된 예산 내에서 결정해야 하고, 모든 것을 다 갖춘 곳에 가기는 어렵지요. 그렇다면 저는 첫째, 출퇴근하기 편한 곳, 둘째, 초등학교가 가까운 곳을 고르라고 말씀드려요. 자녀가 없더라도요. 지하철역과 아파트 단지의 최단거리가 도보 5분 이내인 역세권 아파트이면서, 초등학교가 아파트 단지는 아니어도 블록 내에 있는 아파트. 매일 출퇴근하기 편하고, 어린 자녀가 큰길을 건너지 않아도 돼 등하교가 조금은 덜 걱정스러운 곳이죠. 이런 아파트는 수요가 많아 가격이 오를 때 더 많이 오르고, 거래도 더 잘돼요.

하지만 이렇게 말하는 저도 막상 그런 곳에 살고 있지는

지하철 공화국 (feat. 사교육 공화국)

않아요. 지금도 그렇고 회사 다닐 때도 그렇고, 출퇴근은 편리하지만 초등학교는 별로 가깝지 않아요. 내가 더 중요하다고 생각하는 가치를 만족시켜 주고, 나의 라이프스타일과 맞는 곳을 나의 가용 예산 내에서 선택했던 것 같아요. 실제로 거주 아파트를 선택할 때 많은 분들이 그렇게들 하시죠. 공기 좋은 곳을 찾는 분들은 지하철역과 멀어 가치가 낮다고 말씀드려도 산기슭에 붙어 있는 아파트를 어떻게든 찾아 들어가세요. 그러고는 이렇게 공기 좋고 살기도 좋은데 왜 우리 집만 늦게 오르냐, 적게 오르냐고 하시죠. 집의 향후 가치도 중요하지만, 집을 선택할 때 개인의 니즈를 무시할 수는 없나 봐요.

와, 제 아버지 얘기하시는 줄 알았어요! 배산임수와 땅의 기운을 엄청 중요하게 생각하시거든요. 그래서 제가 태어나고 이사도 몇 번 다녔는데 30년 동안 6층 이상에서 살아본 적이 없어요. 사람은 땅의 기운을 받아야 한다면서 5층을 넘기면 안 된다고 하셔서. 대표님이 첫 번째 조건으로 말씀하신 출퇴근하기 편한 곳은 결국 도심, 강남, 여의도를 기준으로 이해해야겠죠? 직장이 외곽에 있다면, 그곳에서 출퇴근하기 편한 곳이라 해도 가치를 인정받기는 어렵잖아요.

개떡같이 말해도 찰떡같이 알아듣네요. 맞아요, 딱 그 얘기예요. 그래서 반대로 회사의 위치가 중요하기도 해요. 제 직

부동산 공화국 생존지식

장이 강남이었다면 강남 접근성 좋은 집을 알아보고, 1기 신도시 생겼을 때 분당으로 이사를 했겠지요. 여의도에 직장이 있었다면 여의도에서 가까운 집을 알아보고, 1기 신도시 생겼을 때 분당이 아닌 일산으로 이사를 했을 테고요. 인천에 직장이 있다면 인천에서 집을 구하고, 동탄 인근에 직장이 있다면 동탄신도시에 집을 구할 가능성이 커요. 매일 출퇴근해야 하는데 직장에서 너무 먼 곳에 보금자리를 트는 게 쉽지는 않지요. 물론 서울에 직장이 있어도 서울 집값이 너무 비싸서 출퇴근 가능한 신도시나 수도권에 보금자리를 마련하는 경우가 많지만요.

신도시의 교육환경은 어때요? 신도시일수록 공원 가까운 곳보다는 지하철역 가까운 곳이 좋다는 것은 권역 내 입지를 선택할 때 참고하면 될 것 같고, 신도시의 전반적인 교육환경은 괜찮나요? 얼마 전에 본 TV 방송에서 도쿄 외곽 신도시는 젊은 층이 빠져나가는 바람에 고령화도 심해지고 학교도 줄고 빈집도 많아져 활기가 떨어졌다고 하던데, 이런 문제가 우리에게도 닥칠 수 있지 않을까 걱정되기도 해요.

　　신도시는 일정 기간 내에 아파트 입주가 집중되는 대표적인 곳이잖아요. 앞에서 말했듯이 이런 곳은 교육환경도 전반적으로 양호해요. 서울은 교육환경이 좋은 곳이 있는가 하면 학업 분위기가 떨어지는 곳도 많아요. 권역마다 학교마다 편차가 크지요. 반면 신도시는 그 편차가 크지 않고 교육환경도 좋아요. 그래서 서울에 거주하다가 자녀 학교 때문에 신도시로 이사 가는 분들도 실제로 있고요. 서울에서 학업 분위기 좋은 학군에 들어가려면 집값이 너무 비싸고, 그렇다고 교육환경이 나쁜 곳에 그대로 있자니 불안하잖아요. 그런 면에서 신도시는 교육 인프라를 포함해 생활 인프라가 아주 잘 갖춰진 곳이라 할 수 있어요. 그래서 신도시 안에서만 살기에 큰 불편함도 없고 거주 만족도도 높지요. 직장이 서울에 있다면 매일 하는 출퇴근이 수고스럽고, 한창 친구들과 어울릴 나이라면 그럴 만한 핫플레이스와 좀 멀다 뿐이죠.

일본은 지리적으로도 가깝고 인구구조 변화를 우리보다 먼저 겪었기에 일본을 참고할 때가 참 많아요. 우리나라의 신도시에 해당하는 곳을 일본에서는 '뉴타운'이라 불러요. 그 뉴타운을 지금은 '올드타운'이라고도 부르고요. 지어진 지 오래되어서 올드타운이 아니라 젊은이들이 모두 떠나고 노인들만 산다는 의미로 올드타운이라는 거지요. 우리나라도 이렇게 될까요? 1990년대 초반에 입주가 본격화된 1기 신도시는 이제 준공 30년이 넘는 아파트가 생기기 시작했어요. 이 30년간 거주민의 평균연령도 당연히 더 올라갔지요. 하지만 아까 말한 대로 교육환경이 괜찮은 덕에 서울에서 이사 오는 세대도 있고, 높은 서울 집값이 부담스러워 인프라 좋은 신도시에 보금자리를 새롭게 마련하는 젊은 세대들도 여전히 많아요. 급격한 고령화나 빈집 이슈는 아직 없다는 얘기죠. 일본에 비해 대중교통 요금이 싸고, 핵심 오피스 권역에 도달하는 거리가 짧은 신도시들이 있다는 것도 차이점이에요.

하지만 마냥 넋 놓고 있으면 안 되겠죠. 분당처럼 강남 접근성이 뛰어난 신도시는 장기적으로 안정적이라 해도 그렇지 않은 곳들은 위험해질 수도 있어요. 그래서 정부에서 계획하는 '1기 신도시 특별법'이 중요하다고 생각해요. 3기 신도시는 입지가 좋고 분양가도 싸니 젊은 세대가 많이 입주하겠지요. 3기 신도시가 다 입주했는데 1기 신도시는 어떠한 변화도 없이 계속 노후화되고 있다면 1기 신도시에 살던 젊은 세대들이 경제적 부담이 커서 서울 진입은 어려워도 3기 신도시로 옮겨갈 생각을 하지 않을까요? 도쿄 외곽 신도시의 고령화와 빈집 문제는 주택의 노령화에 따른 도시 슬럼화와도 관계가 있어요. 일본 사례를 반면교사 삼아서 미리 잘 준비하고 변화시켜 나간다면 피해 갈 수 있다고 생각해요. 일본은 신도시에 거주하는 고령층이 오히려 재건축을 반대해요. 거주 비용이 늘어난다는 이유 때문이죠. 재건축 동의를 받아내는 절차도 우리보다 훨씬 까다롭고요. 반대로 한국은 재건축을 빨리 해달라고 하고 있어요. 이처럼 서로 다른 정서까지 감안한다면 1기 신도시가 일본의 전철을 밟을 가능성은 낮아 보이네요.

아무래도 서울 접근성이 좋은 3기 신도시에 대한 젊은 세대의 수요가 높긴 할 것 같아요. 지하철 개통도 신도시 조성에 맞춰 계획대로 잘됐으면 좋겠네요. 이런 걸 확인할 수 있는 사이트 같은 게 있나요? GTX나 지하철 신설/연장 계획도 많은 데다 일정이 계속 지연되는 경우도 워낙 많잖아요.

　직관적으로 보기에는 '네이버부동산'이 편해요. 네이버부동산에서 우측 상단에 있는 '개발' 탭을 활성화하면 주요 철도(GTX, 지하철, 경전철) 개발계획에 대한 노선명, 노선도, 정차역, 개통예정연도가 지도 위에 쫙 펼쳐져요. 세림 님 말대로 처음에 발표했던 개통 예정 시기보다 대부분 몇 년 지연돼 개통되곤 하는데, 지연된 일정도 빠르게 반영돼 표기되니 확인하기 좋죠. '노선명'을 클릭하면 노선에 대한 주요 개발정보와 추진경과, 세부 노선 지도도 볼 수 있고요. 개발 탭에서는 철도 개발계획뿐 아니라 고속도로 등 주요 도로 개발계획, 재개발 등 주택지구 개발계획도 한눈에 확인 가능하죠. 좀 더 전문적이고 많은 정보를 얻고 싶다면 '미래철도DB'를 보면 좋아요. 개인이 비영리 목적으로 운영하는 사이트라 메인화면이 깔끔해 보이지 않을 수 있지만 정말 많은 정보가 잘 수집돼 있어서, 보다 보면 운영자에게 고마움을 느끼게 되는 사이트예요.

　　　　　　　　　　　　　부동산 공화국 생존지식

지하철 개발계획만 한 권으로 잘 정리한 책들도 있지만, 새로운 개발계획이 계속 나오고 변경되거나 연기되는 경우가 워낙 많잖아요. 그러니 책으로 한 번 보고 말기보다는 네이버 부동산(개발 탭)이나 미래철도DB 등과 친해져서 원할 때 언제라도 최신 정보를 습득하는 습관을 들이는 게 좋아요.

과거에는 부동산 한다고 하면 투자가 아닌 투기라고 백안시하는 사람들이 많았어요. 제 생각에 가장 큰 이유 중 하나는 정보 불균형 때문이었을 거예요. 비공개 부동산 개발정보로 큰돈 번 사람들이 많았으니까요. 최근에도 LH사태와 같이 정보 불균형을 이용한 투기가 있었지만 예전에 비해 확실히 줄어든 것은 맞아요. 마음만 먹으면 이제 손안에서 대부분의 정보를 빠르게 확인할 수 있으니까요. 아파트 실거래가 정보 앱인 '호갱노노', '아실' 등을 통해 실거래가격 및 아파트 기본 정보는 물론이고 개발계획, 학교의 학업성취도, 특목고 진학률, 대학교 진학률 등을 분석한 학군정보도 바로 확인할 수 있어요. 토지건물 실거래가 정보 앱인 '밸류맵', '디스코'를 통해서도 실거래가, 건물/토지에 대한 모든 정보와 기타 눈여겨봐야 할 개발정보도 한 번에 확인할 수 있고요.

데이터를 읽는 힘, 시장을 보는 안목을 높이려면 기초가 튼튼해야 해요. 튼튼한 기초 위에 경험과 공부가 쌓이면 이런 앱이 제공하는 정보를 더 잘 활용할 수 있겠지요.

다음 주에는 현장에 함께 나가기로 했다. 수업을 마치고 상가 분양 홍보물을 공 대표에게 보여주며 "여기 어때요?"라고 물으니 "가봐야 알겠지요"라는 싱거운 답이 돌아왔다. 자연스럽게 현장 실습이 잡혔다. 주제는 상가. 현장 실사도 하고 상가 관련 얘기도 나누기 위해 수업은 세림이 카페를 쉬는 수요일로 변경했다.

세림은 아직 결혼 계획도 독립 계획도 없어서 집보다는 월세가 나오는 수익형부동산에 관심이 더 많다. 경제적인 최종 목표도 건물주다. 그렇다고 장래희망이 건물주라는 것은 아니다. 건물주가 돼 월세가 꼬박꼬박 나오면 적어도 경제적으로 안정될 것은 분명해 보였다. 그러면 내가 하고 싶은 일을 하고 그 일에 더 집중할 수 있을 것 같다고 세림은 생각해온 터였다.

부동산 공화국 생존지식

지하철 공화국 √Point

1. 교통, 자연환경, 학군(커뮤니티)은 집값에 큰 영향을 미친다.

2. 이 중 영향력이 가장 큰 것은 교통이다. 지하철로 핵심 오피스 권역에 얼마나 빠르고 편하게 갈 수 있느냐가 중요하다.

3. 내가 원하는 것만이 아닌, 사람들이 보편적으로 원하는 것이 무엇인지를 봐야 한다.

4. 서울을 벗어날수록 교통의 중요성은 더 커진다. 지하철 역, GTX역 바로 앞에 있는 아파트 단지만 봐라.

5. 흔히 지하철 개발 발표, 착공, 개통될 때 주택가격이 오른다고 생각하지만, 노선이 좋지 않거나 기대감만으로 너무 많이 오른 곳들은 개통되면 오히려 가격이 빠진다.

6. 한강이 좋아질수록 한강변을 낀 아파트와 그렇지 않은 아파트 간의 격차는 점점 커질 것이다.

7. 일시에 많은 아파트가 입주해 아파트 밀집 권역을 이루면 교육환경도 개선된다.

8. 직장이 어디에 있느냐에 따라 집을 선택하는 권역이 결정되기도 한다.

9. 초등학교가 블록 내에 있고, 핵심 오피스 권역(직장) 접근성이 뛰어난 역세권 아파트라는 교집합을 완성하면 좋다.

10. 일본의 전철을 밟지 않기 위해 1기 신도시 특별법을 잘 마련하고 차질 없이 시행해야 한다.

6장

상가 공화국

세림은 만나기로 한 카페에 한 시간 먼저 도착해 생각을
정리하며 다이어리에 질문들을 써내려갔다. 지난 주말에
미리 사전 답사도 해둔 참이었다. 분양사무소에 들어가
호별 분양가격 정보도, 예상 임대료 정보도 받아뒀다. 병
원이 들어올 예정이라는 3층이 마음에 쏙 들었다. 상층부
라 투자금도 크지 않고 수익률도 1층보다 좋았다. 내가 할
까? 월세 받는 삶이라니, 생각만으로도 왠지 뿌듯했다. 카
페로 걸어오는 공 대표의 모습이 창밖으로 보였다. 공 대
표는 언제나처럼 따뜻한 아메리카노를 주문했다. 오가는
사람들과 공사가 한창인 상가 건물이 잘 보이는 창가 자
리에 나란히 앉아 오늘의 수업을 시작했다.

상가 공화국

입지와 입주시기

주변에 입주한 아파트 세대수가 많아서인지 이 건물에는 유명 프랜차이즈 브랜드들도 거의 들어와 있네요. 임대 중인 상가도 몇몇 있지만 공실도 많지 않고요. 생각했던 것보다 좋아 보여요. 저 사실 지난 주말에 혼자 동네 한 바퀴 돌아보고 분양사무소도 다녀왔어요. 분양상가에 잘못 투자하면 엄청 고생한다는 얘기를 하도 많이 들어서요. 그런데 지금 이 카페도 그렇고, 여기 상가 분양받은 분들은 이 정도면 잘한 것 아닌가요?

이 상가는 입지도 좋지만 입주 시기가 좋았네요. 대규모 아파트 단지가 입주하는 신도시는 개발계획에 따라 블록별로 아파트블록, 상가블록, 단독주택블록 등으로 나뉘어요. 그중 가장 먼저 입주하는 게 아파트죠. 아파트가 입주하면 아파트 거주민의 편리한 생활을 지원하는 시설들이 근린상업용지에 들어오고요. 근린상업용지 또는 근린생활시설용지에 주로 지어지는 게 근린상가예요. 근린상가는 대부분 호별로 구분해 분양하죠. 그래서 구분상가, 분양상가라고 부르고요.

부동산에서 가장 중요한 게 입지니 상가 분양받을 때도 입지를 당연히 먼저 따져봐야 합니다. 상가 건물의 상권 내 입지도 중요하지만, 분양받고자 하는 상가 호수가 상가 건물 내 어디에 위치하느냐에 따라서도 가치가 달라져요. 이 부분은

　　　　　　　　부동산 공화국 생존지식

이따 실사하면서 얘기 나눠요.

상가 건물의 입지 차이가 크지 않다면 그다음으로 무엇이 중요할까요? 바로 분양 및 입주 시기예요. 아파트 거주민의 생활편의를 위해 당장 어떤 가게가 필요할까요? 편의점, 카페, 베이커리, 부동산중개소, 휴대폰 판매점, 미용실, 식당, 병원, 약국, 은행 등 금융기관, 학원, 피트니스 등이 있겠지요. 아파트 입주 시기에 맞춰 가장 먼저 입주하는 분양상가는 금방 임차인을 찾을 수 있고 공실 없이 만실로 운용돼요. 그다음에 입주하는 분양상가도 조금 더디기는 하지만 임대를 다 맞출 수는 있고요. 하지만 그 뒤에 입주하는 분양상가들은 임차인 구하기가 점점 어려워져요.

예를 들어 피부과 개원을 알아보는데 맨 먼저 입주한 A상가에 이미 '아이뻐피부과'가 있고, 두 번째 입주한 B상가에도 '더이뻐피부과'가 있다면, 새로 들어서는 C상가에 피부과 개원하기가 부담스럽겠지요. 다른 업종에서도 똑같은 일이 벌어져요. A상가 1층을 'GS25'가 선점했고 B상가 1층에는 'CU'가 들어와 있다면, C상가에 다른 브랜드의 편의점이 들어와서 나눠먹기하겠다고 의사결정하기가 쉽지 않지요.

그래서 신도시 같은 아파트 밀집 권역의 분양상가는 부지를 낙찰받아 상가 건물을 지어 분양하는 개발업자 입장에서도, 구분상가를 분양받아 안정적인 임대수익을 얻고자 하는 수분양자 입장에서도 동일 권역 내에서 첫 번째나 두 번째로 입주하는 상가일 때 성공 가능성이 높아요.

'친구 따라 강남 간다'고들 하는데, 남들이 상가 분양받아서 꼬박 꼬박 월세를 받는다는 말만 듣고 무턱대고 뒤늦게 따라 했다가는 낭패를 볼 수 있겠네요. 분양상가 투자는 위험하다고들 해서, 입지 나쁜 곳의 상가나 너무 비싸게 분양받았을 때만 문제가 된다고 생각했어요. 입지에 별 차이가 없어도 상가가 언제 입주하느냐에 따라 임대를 바로 맞출 수 있는지 장기 공실로 고생하는지가 결정되는군요.

구분상가에 투자하는 분들은 꼬마빌딩 등 단독건물을 매입하는 분들보다 상대적으로 자금력이 약해요. 시세차익이 생기면 좋지만 그보다는 높은 수익률에 더 가치를 두지요. 그래서 대출금리가 높을 때는 레버리지 효과가 없어서 투자하겠다는 사람이 적어요. 반면 대출금리가 낮으면 레버리지 효과도 커져서 적은 돈으로 구분상가에 투자하고 자기자본수익률도 높일 수 있지요.

분양사무소에서 받아온 상가 홍보 팸플릿 줘봐요. 세림 님이 마음에 들었다는 301호는 분양면적 40평, 전용면적 20평이네요. 분양가격은 5억 원, 예상 임대료는 보증금 2000만 원에 월 200만 원이고요. 즉 5억 원 투자 시 기대수익률은 5.0%

〔(200만 원×12개월)/(5억 원-2000만 원)〕. 만약 대출금리가 5% 이상이라면 레버리지 효과는 없겠네요. 고금리 상황에서 경기권 3층 구분상가의 수익률이 5%면 높은 것도 아니어서 투자 메리트도 크지 않고요.

그런데 분양가의 80%까지 3.0%에 대출받을 수 있다면, 분양가 5억 원의 80%인 4억 원을 대출받고 보증금 2000만 원도 빼면 자기자본 8000만 원만 있으면 투자가 가능해요. 대출금 4억 원에 대한 3.0% 이자는 연간 1200만 원이니, 월 100만 원이 이자로 나가는군요. 그러면 나는 8000만 원 투자해서 월세 200만 원을 받아 100만 원을 이자로 내고 100만 원을 손에 쥐게 되니, 자기자본수익률은 무려 세전 15.0%〔(100만 원×12개월)/8000만 원〕까지 올라가네요. 투자할 만하죠? 자, 여기에 어떤 리스크가 있을까요?

레버리지 리스크, 공실 리스크, 임대료 하락 리스크

가장 먼저 떠오르는 리스크는 대출금리 상승 리스크네요. 기준금리가 급등하면 대출금리도 올라가 역레버리지가 날 수 있잖아요. 만일 대출금리가 6%까지 오르면 대출금 4억 원에 대한 연간 이자만 2400만 원이니 월 이자가 200만 원. 월세도 200만 원이니 결국 임대수익이 0원이 되네요. 대출금리가 6%를 초과하면 월세를 받아도 마이너스가 되니 내 돈을 보태야 이자를 낼 수 있고요.

그리고 또 장기 공실 리스크도 있겠죠. 임대가 처음부터 맞춰지면 너무 좋지만, 그렇지 않으면 첫 달부터 수익은 없이 이자만 내야 하니 완전히 실패한 투자가 되잖아요. 신도시 내 근생상가 창문에 붙어 있는 '임대' 안내문 볼 때마다 '대출받아 분양받은 분들 어떻게 하나?'라고 걱정하며 지나갔던 것 같아요.

맞아요. 저금리에 대출받았다고 해도 나중에 금리가 급등하면 말한 대로 어려움을 겪겠지요. 그래서 금리가 낮을 때는 고정금리 대출 기간을 가능하면 길게 해서 받는 게 좋아요. 그렇게 해도 고정금리 대출 기간이 끝나고 변동금리로 전환되는 시점에 금리가 오르면 그것까지 피하기는 어려워요. 그러니 다른 수입이 있어서 임대수익을 생활비로 쓰지 않아도 된다면, 임대수익으로 원금 상환도 계속해 나가는 게 좋겠죠.

상가를 포함한 모든 수익형부동산 투자 시 가장 중요하게 봐야 하는 것은 세림 님 말대로 '공실 리스크'고, 또 하나는 '임대료 하락 리스크'예요. 건물 전체를 소유한 건물주라면 1개 층 또는 건물 일부에 공실이 발생해도 임대료가 0원이 되지는 않겠죠. 하지만 구분상가의 공실은 곧바로 임대료 0을 의미해요. 임대료 수입은 하나도 없는데 대출 이자는 내야 하고, 임차인이 없으니 관리비도 내가 내야 하죠. 특히 은퇴를 앞둔 회사원들이 고정 수익원을 만들어둬야 한다는 마음이 급해서 분양사무소 말만 믿고 분양받았다가 임대가 안 돼서 고생하는 경우를 너무 많이 봤어요. 빠듯한 월급에서 이자와 관리비를 내는 것도 버겁지만 무엇보다 속았다는 생각, 내가 어리석었다는 생각에 스트레스가 이만저만이 아니죠. 공실 리스크를 헷지(hedge)하기 위해서는 임대가 이미 맞춰져 있고 장사가 잘되거나 인테리어 투자를 많이 해서 쉽게 나가기 어렵거나, 유명 프랜차이즈 브랜드가 들어와 있는 기존 구분상가를 매입하는 것도 방법이에요. 신규 분양상가라면 위장 임대차가 아닌 실제로 임대차된 상가 중심으로 볼 수도 있고요.

다만 지금 임대가 돼 있다고 해서 안심하면 안 돼요. 임대가 잘 맞춰져 있는 상가에 투자할 때도 두 가지 질문을 스스로에게 던지고 꼼꼼히 검증해봐야 합니다. 첫째, 현 임차인이 나가도 다른 임차인이 바로 들어올 수 있는 곳인가? 둘째, 임대료 인상은 어렵더라도 현재 임대료로 후속 임차인과 임대차 계약을 할 수 있는 곳인가? 이 두 가지 질문에 모두 긍정적인 대답을 할 수 있을 때만 투자해야 합니다.

얘기 듣다 보니 엄마 친구가 떠오르네요. 1층 상가에 투자 잘해서 꼬박꼬박 월세 받는 친구가 있다며 엄마가 부러워했거든요. 그런데 임차인이 나간 후 오랫동안 공실이 채워지지 않고 있나 봐요.

상가 공화국

분양가격보다 가격이 오르지는 않았지만 매달 월세 들어오는 맛에 산다며 좋아하셨던 분인데, 이제는 그냥 빨리 팔고 싶다며 매물로도 내놓았나 봐요. 그런데 공실인 상가가 팔릴 리 없죠. 부동산에서는 먼저 시세대로 싸게 임대를 맞춘 다음에 팔라고 했다는데, 싸게 임대를 맞추면 분양가보다 낮게 팔아야 한다며 그건 또 싫다고 하셨대요. 내놓은 임대료는 시세에 비해 비싸고, 공실이니 사겠다는 사람도 없고 해서 난감해하시더라고요.

어머니 친구분께는 열 효자 부럽지 않던 상가였을 텐데 지금은 많이 힘드시겠네요. 대부분의 임대인들이 그분처럼 공실이 발생한 후에 구분상가를 가장 많이 팔고 싶어 해요. 하지만 이미 내게 골칫거리인데 누가 제값 주고 사겠어요. 결국 시세보다 많이 싸게 팔거나, 떨어진 임대료 시세에라도 임대를 맞추면 다행이지요. 상권이 좋은 곳에는 대부분 권리금이 있어요. 현 임차인이 가게를 후속 임차인에게 넘길 때 권리금을 받죠. 권리금 문제가 많이 지적되지만, 긍정적 측면도 있어요. 어떤 이유에서든 현 임차인이 가게 문을 닫고 싶을 때 그냥 나가지 않고 권리금을 받기 위해 후속 임차인을 데려온다는 거예요. 임대인 입장에서는 공실 기간 없이 임차인만 변경되니 좋죠. 그런데 어머니 친구분의 경우처럼 임차인이 그냥 나갔다는 것은 권리금도 형성되지 못한 상권, 즉 성숙기를 지나 쇠퇴기로 넘어가기 시작한 근린상권일 확률이 높아요.

지금 공실이라고 해서 싸게 팔거나 임대료를 낮춰서 가치를 떨어뜨리기는 싫다면, 렌트프리(Rent Free)로 임대 마케팅을 해보는 것도 방법이 될 수 있어요. 말 그대로 임대료(rent)를 받지 않는(free) 거죠. 규모가 큰 오피스빌딩을 임대할 때 주로 사용하는 임대 전략 중 하나예요.

예를 들어 어머니 친구분이 갖고 있는 상가의 기존 임대료가 500만 원(월)/1억 원(보)이었는데 지금은 임대료 시세가 떨어져 400만 원이라고 가정해볼게요. 16억 원에 분양받았고, 최소한 분양가인 16억 원에 팔고 싶어 하고요. ①친구분의 기존 투자수익률은 4.0%네요[(500만 원×12개월)/(16억 원-1억 원)], ②떨어진 시세대로 400만 원에 임대하면 수익률은 3.2%까지 떨어지고요[(400만 원×12개월)/(16억 원-1억 원)]. ③임대를 맞춘 상태에서 4.0%에 상가 매매가 가능하다면 400만 원에 임대 시 자산가치는 16억 원에서 13억 원까지 떨어져요[(400만 원×12개월)/(13억 원-1억 원)]. 팔기 위해 임대를 시세에 맞추는 건 좋지만 자산가치가 3억 원이나 떨어진다고 하니 그렇게는 못 하겠다는 거죠.

이번에는 1년당 2개월의 렌트프리를 적용해볼게요. 임대료를 400만 원이 아닌 500만 원을 받는 대신 1년당 2개월의 임대료를 면제해주는 거예요. 3년 계약 시 6개월간 면제 후 7개월 차부터 임대료 500만 원, 5년 계약 시 10개월간 면제 후 11

상가 공화국

일반임대 vs. 렌트프리 임대 임대료 비교

월 임대료 (만 원)	렌트프리 기간	1년차 연간 임대료	2년차 연간 임대료	3년차 연간 임대료	3년간 임대료 총액
400	없음	4,800	4,800	4,800	14,400
500	6개월	3,000	6,000	6,000	15,000

개월 차부터 임대료 500만 원. 이때는 부동산중개인의 역할도 중요해요. '예전에도 월세 500만 원 받던 곳인데 공실을 빨리 채우려고 임대인이 1년당 2개월의 렌트프리 조건을 걸었다. 임대차 조건이 좋으니 다른 사람이 채가기 전에 얼른 계약해라'라고 중개인이 잘 얘기해야겠죠. 렌트프리 조건을 내건다고 임대가 반드시 되는 건 아니지만, 주변에 공실이 너무 많지만 않다면 보다 빨리 임차인을 찾을 가능성은 확실히 높아져요.

렌트프리 조건으로 임대가 맞춰졌다고 가정해보죠. 렌트프리 기간이 끝나고 월 임대료가 500만 원씩 들어오기 시작한 후에 기대수익률 4.0%에 맞춰 16억 원에 팔면 되겠지요. 막상 또 임대료가 잘 들어오면 친구분이 팔기 싫다고 할 수도 있고요. 새로 들어온 임차인이 시설투자도 많이 했고 임대료도 잘 내고 장사도 잘되는 것 같다면 그냥 갖고 갈 수도 있지요. 임대료 수익으로만 따져도 떨어진 시세 400만 원에 맞췄다면 3년간 임대수익이 1억 4400만 원인데, 500만 원에 렌트프리를 줬을 때는 3년 누적액이 1억 5000만 원으로 더 높아요. 어머니 친구분에게 이렇게 해보라고 말씀해보세요.

바닥을 드러낸 커피잔을 반납하고 밖으로 나왔다. 따뜻한 봄바람과 햇살이 기분 좋게 몸을 감쌌다. 고개를 드니 상가를 가득 채운 간판이 나를 봐달라고 말을 거는 듯했다. 모든 층이 전형적인 근생업종으로 잘 채워져 있었다. 1층 편의점·베이커리·커피숍·휴대폰판매점, 2층 미용실·병원, 3층 병원·학원, 4층 학원, 5층 피트니스. 과거 로드뷰를 보니 공 대표 말대로 건너편 분양상가와 함께 가장 먼저 올라간 상가였다. 그래서인지 현재 두 상가에만 임대 플래카드가 붙어 있지 않았고, 입점한 브랜드도 유명한 것들이 많았다.

전단에 있는 분양상가 쪽으로 발길을 옮겼다. 가까워질수록 공사 펜스가 올라간 현장이 많이 보였다. 횡단

보도는 있지만 신호등 전원은 나가 있었다. 말끔하게 차려입은 분양대행사 직원들이 계속 말을 걸어왔지만 공 대표와 세림은 대꾸하지 않고 걸었다. 공 대표는 세림이 이미 분양정보를 받아두었고 호별 분양면적과 위치, 분양가격은 인터넷으로도 확인 가능하니 분양사무소는 굳이 갈 필요가 없다고 했다. 세림이 받아둔 전단지 상의 상가부지 앞에도 공사용 펜스가 둘려 있었다. 펜스에 그려진 완공 후 상가 이미지에는 누구나 알 만한 브랜드들과 병원 등이 멋지게 자리잡고 있었다. 반면 주변을 넓게 둘러보니 주말에는 보지 못했던 광경이 세림의 눈에 들어왔다. 펜스도 없이 방치된 빈 땅도 많았다.

임차 의향 ≠ 임대 예정 ≠ 임대 확정

제가 관심 있는 곳은 여기예요. 1층 전면은 '이마트에브리데이' 입점이 확정됐다고 하고 이미 분양도 끝났대요. 3층은 301호에서 305호까지 병원 하나가 다 쓸 예정이라면서 분양받으라고 하네요. 임대가 맞춰져 있으니 초기 공실 리스크도 없을 것 같고, 이 정도면 괜찮지 않나요?

우리가 커피 마셨던 곳은 역에서 가까운 근생상가였지

요. 그래서 유동인구도 제법 많고 상층부에 병원도 많이 들어와 있었고요. 이 건물은 역에서 조금 떨어져 있는 대신 아파트 정문 바로 건너편이네요. 그러니 1층은 슈퍼마켓 입지로는 좋아요. 초중학교가 가까우니 학원 수요도 있어 보여요. 그렇다면 병원 입지로는 어떨까요? 여기에 병원이 들어오면 주 타깃이 주변에 있는 아파트 주민으로 한정되겠지요. 그런 면에서는 좋지 않네요. 게다가 아직 1층도 올라가지 않았는데 병원이 들어올 예정이다… 역 주변에도 바로 입점해 개원할 수 있는 공실 상가가 있는데, 좀 의심스럽지 않나요? 예정은 확정이 아니고, 임차의향서를 제시한다고 해도 의향서일 뿐 정말 입점한다는 보장은 아니에요.

네이버부동산에 올라온 상가 임대 정보를 한번 볼까요? 역세권 주변의 전용 20평인 3층 상가의 임대료가 200만 원(월)/2000만 원(보)에 올라와 있네요. 세림 님이 마음에 든다던 301호와 같은 면적에 임대료도 똑같아요. 누가 봐도 입지에 차이가 있는데 같은 임대료를 내고 역세권 대로변도 아닌 외진 곳에 병원을 낸다? 높게 책정한 분양가격에 맞춰 5.0% 수익률을 제시하기 위해 억지로 만들어둔 장치 같은 느낌이 드는데요. 이 정도 입지라면 전용평당 8만 원을 넘기기도 어려워요. 학원에 160만 원/2000만 원으로 임대를 맞추면 성공했다고 봐야죠. 분양가 5억 원 기준 수익률은 4.0% 나오겠네요. 임대료

상가 공화국

인상이 어려운 곳이니 시세차익도 기대하기 어렵고요.

상가 임대료 검색도 네이버부동산에서 할 수 있군요. 아파트만 되는 줄 알았어요. 검색해보니 공실이 얼마나 많은지 알겠네요. 이 지역은 임대 중인 상가가 많아서 임대료 확인이 쉽지만, 이제 막 아파트를 짓고 있는 신도시라서 분양/입주 예정인 상가만 있다면 어떻게 확인하면 되죠?

임대료 정보가 충분하다면 임대 홍보 중인 매물들을 엑셀로 정리해서 구분상가의 층별 전용면적당 임대료 시세를 파악할 수 있어요. 그 정보를 알고 부동산중개소를 찾아 확인까지 하면 더 좋고요.

그런데 입주한 상가가 아예 없고 이제 막 분양을 시작한 상가들만 있을 때는 어떻게 확인할까요? 그럴 때는 그 신도시와 입지가 가장 비슷하면서 최근에 입주한 신도시의 상가 임대료를 조사해보면 돼요. 임대료 차이가 크지 않거든요. 비단 임대료뿐 아니라 신도시에 들어가는 업종도, 입주 시기에 따른 공실 증가 패턴도 유사하게 펼쳐져요. 이런 걸 여러 번 조사하고 경험도 쌓이면 신도시 1층은 얼마, 2층은 얼마, 3층은 얼마 정도에서 임대가 결정되는지 자연스럽게 알게 돼요. 물론 그렇다고 조사를 게을리해서는 결코 안 되고요.

부동산 공화국 생존지식

가시성과 접근성

대표님 말씀은 제가 봐달라고 한 상가에 병원이 들어올 것 같지 않다는 거잖아요. 확정되지도 않은 것을 마치 확정된 것처럼 얘기해서 분양하는 건 사기 아닌가요? 최근 전세 사기 사건도 많고, 특히나 경험이 적은 저 같은 젊은 사람들이 더 피해를 보는 것 같아요.

확정이 아니고 예정이라고 말한 것이니 사기라고 단정하기는 어렵지요. 나중에 분양업체에서 제시한 임대료로 병원이 들어오지 않았다고 해서 이를 근거로 분양 계약을 취소하기도 어렵고요. 세림 님 말대로 전세 사기, 기획부동산 사기 등 부동산 관련 사기 사건은 끊이지 않아요. 앞으로도 계속 일어날 거고요. 빌라 전세 사기는 자산규모가 작은 젊은이들 피해가 크지만, 기획부동산의 토지 사기는 오히려 여유자금이 있는 중노년층의 피해가 더 커요. 결국 누구나 사기의 피해자가 될 수 있다는 얘기죠. 사기 피해자가 되지 않으려면 평소에 부동산 관련 기초 공부를 해두는 수밖에 없어요. 자주 사용되는 사기 수법이 무엇인지 알아두면 더 좋고요. 부동산 사기에 관해서는 따로 날 잡아서 얘기해요.

그리고 정말 301~305호에 병원이 들어온다는 것을 믿고 분양받는다면, 구석에 있는 301호보다는 엘리베이터 바로 앞에 있는 303호가 더 좋아요. 301호는 코너 자리지만 후면을 접

163

하고 있어 외부에서의 가시성이 떨어지니 코너 자리의 장점이 없어요. 3층에 올 때는 계단이 아니라 엘리베이터를 주로 이용하니, 엘리베이터에서 내렸을 때 바로 보이는 게 좋겠지요. 또 301~305호를 쓰던 병원이 면적이 너무 넓어 나중에 3개 호만 쓰겠다고 해도 가운데 있는 303호는 어쨌든 계속 사용할 가능성이 크고요. 병원이 나간 후 개별적으로 임대차를 한다고 해도 303호 자리가 더 좋네요.

지금 말했듯이 상가에 투자할 때는 상가의 '가시성'과 함께 '접근성', 즉 사람들이 어떻게 움직일지를 고려해야 해요. 사람들은 시간과 거리를 줄이는 방법을 본능적으로 알고 최대한 편한 동선으로 움직이지, 목적을 갖고 움직이지 않는다고 생각하고 접근하는 게 좋아요.

창업 수요와 상가 수요

분양상가 투자는 따져볼 게 정말 많네요. 전반적인 경기 동향은 물론이고 입지, 분양가, 임차 수요, 실제 받을 수 있는 임대료 수준 등을 종합적으로 분석하고 투자해야지 분양사무소 말만 믿고 덜컥 결정하면 큰일 날 것 같아요. 그런데 어쨌든 상가 시장의 장기적인 전망은 밝다는 얘기도 있던데요. 기대수명이 길어지면서 퇴직 후에도 더 일하고 싶어 하는, 일해야 하는 사람들이 많아지니 이들의 임차 수요가 늘어날 거라면서요.

아주 오래전부터 상가 분양, 상가 매매를 잘하기 위해 많이 써먹던 이론적 접근이죠. '인구가 감소하니 집의 필요성이 줄어들고, 그러니 집값은 떨어진다'고 말하는 것처럼 '오래 사니 은퇴 후 창업하는 사람들이 계속 유입되고, 이들이 장사할 상가의 수요는 꾸준히 늘어날 수밖에 없으니 상가에 투자하라'는 단순한 논리지요. 맞는 얘기 같지만 조금만 파고 들어가면 허점이 있어요. 퇴직 후 창업해서 실패하는 사례가 그렇게 많은데도 여전히 나는 잘할 수 있다며 뛰어드는 분들이 많지요. 앞으로도 계속 그럴 테니 창업 수요가 꾸준하다는 말이 틀린 건 아니에요. 마치 장기적으로 인구가 감소한다는 것처럼 이 부분은 '정해진 미래'지요.

그런데 창업한 분들도 언젠가는 그만둘 겁니다. 사업을 워낙 잘해 매장을 늘려가는 분도 있겠지만, 대부분은 매장 하나만 운영하다가 좋든 싫든 가게를 넘기든가 망해서 가게 문을 닫아요. 반면에 상가는 수명이 훨씬 길잖아요. 상가 재건축은 아파트 재건축보다도 까다로워서 최소 50년은 재건축이 어렵다고 봐야 해요. 이렇게 장기간 유지되는 상가 재고 물량에 신규 분양 물량이 더해지면서 시장에 공급된 상가는 계속 늘어나겠죠. 반면에 임차 수요는 점점 늘어나기만 하는 것처럼 말하지만, 뒷문으로는 기존 임차인들이 계속 빠져나가는 구조예요.

앞으로 온라인숍과 온라인 쇼핑 시장은 더 커질 게 분명하니 로드숍의 필요성은 상대적으로 줄어들겠지요. 특색 있는 거리나 사람이 모이는 광역상권과 지역상권은 더 성장하겠지만, 외부에서 인구가 유입되지 않는 근린상권의 미래는 그리 밝지 않아요. 그래서 근린상권에 지어지는 분양상가 투자는 권하고 싶지 않아요. 상권에 대한 얘기도 다음에 날 잡아서 따로 해요.

멀고 먼 상가 재건축

코로나19를 겪으면서 확실히 더 많은 사람들이 온라인 쇼핑에 익숙해진 것 같아요. 어머니도 '이렇게 편한 걸 왜 이제 알았지'라며, 이제 마트 갈 일은 없겠다고 하시더라고요. 그래서인지 판매점이 많은 1층은 공실이 생기고, 반면 미용실이나 병원처럼 직접 가서 서비스를 받아야 하는 업종이 모여 있는 2층 상가는 잘 버티는 것 같아요. 그런데 아까 상가 재건축은 아파트 재건축보다 어렵다고 하셨는데, 왜 그렇죠? 아파트 재건축될 때 상가들도 함께 재건축되지 않나요?

세림 님이 말한 상가는 '단지내상가'라고 해요. 아파트를 지을 때 거주민의 편의를 위해 아파트에 붙어 있는 분양상가. 이런 상가는 아파트 재건축 시 일반적으로 함께 재건축되죠. 간혹 아파트 조합원과 상가 조합원 사이의 이해관계가 첨예하게 대립해 합의되지 않으면 상가는 쏙 빼고 아파트만 재건축하는 경우도 있기는 하지만요.

　　이런 단지내상가만으로는 편의시설을 제공하기 역부족이어서 신도시, 뉴타운 등 대규모 택지개발 지구 내에는 근린상가가 많이 공급돼요. 공급이 많은 만큼 상가 투자하는 분들 대부분은 단지내상가가 아닌 근린상가를 분양받고요. 시행사는 사업성을 높이기 위해 용적률을 최대한 사용해 상가를 지으니, 용적률 변화가 없는 한 향후 재건축을 통한 공급 면적 확대는 기대하기 어려워요. 아파트는 공급 면적이 확대되지 않아도 입지만 양호하다면 신축에 들어가는 비용보다 신축 후의 가치가 더 높아져 사업성이 나오고, 그래서 재건축이 가능해요. 아파트는 다른 곳에 거주 중인 조합원도 많고, 실거주 중인 조합원이라도 재건축하는 3~4년만 다른 곳에서 전세를 살면 되니 사업성만 좋으면 아파트 경기 좋을 때 재건축이 급물살을 타며 진행되죠.

　　반면 상가는 어떤가요? 상가도 노후화되면 아무래도 임대료가 낮을 수밖에 없는데, 신축하면 임대료를 올릴 수 있고 그만큼 가치가 높아져 신축 사업성이 나올 수 있어요. 하지만 상가를 분양받은 분 중에는 그곳에서 직접 장사하며 생계를 유지하는 사람도 있고, 많든 적든 꼬박꼬박 월세가 나오니 굳이 재건축을 원하지 않는 사람들도 많아요. 그래서 근린상가 재건축이 쉽지 않아요. 영화에 자주 나오는 장면이 있지요. 정치인이 지역 발전을 위한다면서 실제로는 자신의 이익을 실현하고자 조폭 세력 등과 결탁해 전통시장 재건축을 무리하게 진행하는 장면. 그 장면이 왜 유독 많이 나올까요? 전통시장 재건축이 특히 어렵기 때문이에요. 소유자가 많고, 서로의 이해 관계가 다르고, 생업 수단으로 활용하는 사람도 많은 근린상가와 시장은 재건축, 재개발이 정말 어려워요.

이렇게 현장에 나와서 얘기하니 확실히 더 피부에 와닿는 것 같아요. 워낙 개별성이 강하고 개중에는 괜찮은 투자 물건도 있을 수 있지만, 신규 분양상가 투자는 확실히 수분양자가 떠안아야 하는 리스크가 큰 것 같네요. 분양상가는 입지도 입주 시기도 매우 중요하지만, 임차인도 중요한 것 같아요. 좋은 임차인이 들어오면 임차인 변경 없이 임대료도 올리면서 공실 걱정 없이 갈 수 있잖아요. 그래서 학교 다닐 때 농담 삼아서 '내 꿈은 스타벅스 임대인'이라고 얘기했던 친구도 있었어요. 스타벅스는 매출액에 비례해서 임대료를 내는 곳이 많다고 하던데, 고정임대료 방식과 매출액 연동 수수료 방식 중 뭐가 더 좋아요?

고정임대료와 수수료 매장 중 무엇이 더 임대인에게 유리하다고 딱 잘라 말하기는 어려워요. 입지 및 매장의 형태에 따라 다르죠. 예를 들어 삼성동의 '코엑스 스타필드'는 수수료 매장으로 운용돼요. 안전장치로 최소보장임대료(Minimum Guarantee)도 있고요. A매장의 수수료율이 20%이고 최소보장임대료가 1000만 원일 경우를 가정해볼게요. A매장의 월 매출액(VAT 별도)이 1억 원이라면, 1억 원의 20%인 2000만 원을 다음 달에 임대료로 받을 수 있어요. 월 매출액이 3000만 원밖에 안 돼도, 3000만 원의 20%인 600만 원이 아니라 최소보장임대료인 1000만 원을 받을 수 있지요. 임대인 입장에서 가장 선호하는 방식은 이런 '수수료+최소보장임대료' 매장이에요. 하지만 이렇게 임대인에게 유리한 조건을 내세울 수 있는 건 대형 쇼핑몰, 백화점 정도예요. 대부분의 일반 상가는 월 임대료 얼마, 보증금 얼마와 같은 고정임대료 방식으로 임대차가 진행되고요.

아직은 임대인들도 수수료 매장보다 고정임대료 방식을 선호하는 경우가 많아요. 임차인이 매출을 속일 수 있다고 생각하기도 하고, 임대료가 매출에 따라 둘쭉날쭉하는 것 자체를 싫어하기도 하고요. 수수료 방식이라면 입점을 고려해보겠다고 하는 임차인들은 대부분 개인이 아닌 법인이나 유명 브

상가 공화국

랜드들이에요. 임차인 입장에서 수수료 매장으로 계약하면 매출이 저조할 때 전체 매출에서 임대료 비중이 과하게 높아져 영업이익률이 떨어지는 것을 방지할 수 있겠지요. 예를 들어 코로나19가 한창일 때는 카페 착석도 금지한 적이 있잖아요. 당연히 매출도 바닥을 쳤겠지요. 이때 고정임대료 방식이었다면 매출은 크게 떨어졌는데 임대료는 그대로니 무척 부담이 됐겠죠.

수수료 매장을 선호하는 임차인들은 대부분 이름만 들으면 아는 유명 브랜드이고 포스(Pos) 시스템도 잘돼 있어 매출을 속이거나 하는 일은 없어요. 임대인 입장에서는 고정임대료 방식보다 유리한지 여부와 임대료가 변동되는 리스크만 남는 거죠. 물가가 오르면 임차인들도 판매 단가를 높이고, 잘나가는 브랜드들은 매년 매출이 성장세를 보여서 자연스럽게 임대료 인상 효과가 발생하는 경우가 많아요. 그래서 브랜드가 수수료 매장으로 입점을 희망한다고 하면 일단 긍정적으로 보고 세부 조건을 검토해볼 필요가 있지요. 일반 상가에 브랜드가 수수료 매장으로 들어오면서 최소보장임대료 조건까지 수용하는 경우는 많지 않아요.

예를 들어 업계 1위인 S커피가 수수료율 12%를 제시한 반면, 5위권 내의 C커피는 수수료율 15%를 제시했다면 고민이 되겠죠. 브랜드파워는 S커피가 확실히 더 높지만 수수료율

부동산 공화국 생존지식

이 C커피보다 낮으니까요. 이때 반드시 참고해야 하는 게 브랜드별 월평균 매출액이에요. S커피는 월평균 1억 원을 판매하는데 C커피는 6000만 원밖에 안 될 수도 있어요. 그럼 S커피의 월평균 기대임대료는 1200만 원(1억 원의 12%)이지만, C커피는 900만 원(6000만 원의 15%)밖에 안 되잖아요. 이런 자료를 받을 수 있냐고요? 당연히 요청하면 볼 수 있지요. 월평균 매출액이나 주변 매장의 최근 1년 매출액 추이 정보도 없이 담당자의 말만 믿고 수수료 매장으로 진행하기에는 임대인이 떠안아야 하는 리스크가 너무 크잖아요.

브랜드들이 수수료 매장으로 들어오고 싶어 하는 곳은 결국 권역 내에 입지도 좋은 곳이겠죠. 그런 곳에 유명 브랜드가 장기간 임차해 있으면 마음도 편하고 뭔가 엄청 든든할 것 같아요. 다음 주에는 오늘 잠깐 나온 '부동산 사기'에 대해 얘기 나누면 좋겠어요. 사기가 없어질 수 없다면, 적어도 내가 피해자가 되지 않기 위해 어떻게 해야 하는지는 알아야 하잖아요.

공 대표는 고객과의 미팅이 있다며 먼저 현장을 떠나고, 세림은 주변을 다시 한 바퀴 돌아봤다. 지난 주말 혼자 왔을 때는 보이지 않던 것들이 보이기 시작했다. 왜 이 상가는 활성화됐는데 옆 상가는 공실이 많은지, 역세권 상가의 임차인과 아파트 단지에 둘러싸인 상가 임차인의 구성은 어떻게 다른지.

문득 부동산은 여행과 비슷하다는 생각이 들었다. 코로나19로 해외여행이 어려웠을 때 랜선 여행도 잠깐 떴지만 역시 여행은 직접 가서 보고 체험해야 하듯, 부동산도 현장을 직접 걸으면서 봐야 한다고. 같은 여행지에서도 아는 만큼 더 보이고 느끼는 게 다르듯, 부동산도 아는 만큼 새로운 것들을 더 볼 수 있다는 것을 새삼 느꼈다. 미리 여행정보를 찾고 지식을 쌓듯이, 부동산 현장 실사 전에 정보를 스스로 검색하고 권역에 대해 이해하고 가야 한다는 것 또한.

횡단보도를 건너려 좌우를 살피고 있는데 양복을 말쑥하게 차려입은 영업사원이 또 말을 걸어왔다. "사모님, 상가 투자 물건 보러 오셨지요. 임대 잘 맞춰져 있는 입지 좋은 회사 보유분 매물이 있으니 보시고 가세요." 세림은 사양하는 뜻으로 가볍게 목례를 하고 길을 건넜다. 태어나서 처음 들어본 '사모님'이라는 단어가 너무 낯설었다. 공 대표가 말한 '장기 미분양 물건'이 '회사 보유분'이라는 단어로 그럴듯하게 둔갑하는 장면을 목도한 세림이 지하철역을 향해 발걸음을 재촉했다.

상가 공화국 √Point

1. 분양상가 투자 시에는 입지와 함께 상가의 입주 시기도 반드시 봐야 한다.

2. 아파트 입주 시기에 맞춰 일찍 입주하는 상가는 임대가 빨리 잘 나가고, 프리미엄도 붙을 수 있다.

3. 근린상권 내 분양상가는 유입 인구가 제한돼 임대료 인상이 쉽지 않기 때문에 시세차익도 잘 나지 않는다.

4. 저금리 시기에는 대출금리도 낮으므로 작은 자기자본으로 상가에 투자해 높은 수익률을 올릴 수 있다.

5. 저금리 시기 대출을 받을 때는 고정금리 기간을 길게 하고, 다른 수입원이 있다면 임대수익으로 대출 원금도 갚아 나갈 필요가 있다.

6. 다음 두 가지 질문에 긍정적 답을 얻을 수 있을 때 수익형부동산에 투자한다. 현 임차인이 나가도 다른 임차인이 바로 들어올 수 있는가(공실 리스크)? 후속 임차인에게 같은 임대료를 받을 수 있는가(임대료 하락 리스크)?

7. 자산가치 하락 없이 임대를 빨리 맞추기 위해 렌트프리 조건으로 임대를 진행하는 것도 한 가지 방법이다.

8. 임차의향(서)은 임대 확정도, 임대 보장도 아니라는 점을 명심할 것!

9. 기대수명이 길어져 창업 수요가 계속된다고 해서 상가 시장의 전망이 밝은 건 아니다.

10. '회사 보유분 특별 할인 분양'은 '인기 없는 장기 미분양 물건 처리'로 해석해야 한다.

7장

사기 공화국

세간을 떠들썩하게 한 전세 사기 사건이 발생했다. 빌라 수백 채를 보유한 일명 '빌라왕'이 사망하자, 전세금을 반환받기 어려워진 수많은 피해자가 발생했다. 빌라왕도 실상은 왕이 아닌 바지사장이었고, 이런 바지사장만 수십 명에 달했다. 세림은 전세 사기 관련 기사를 읽으면서 그 전말과 수법을 조금이나마 이해할 수 있었다.

'부동산 사기'를 검색하자 '기획부동산 사기' 관련 정보가 많이 떴다. 보이스피싱처럼 누구나 사기인 줄 알지만 그럼에도 누군가는 걸려들어 피해자로 남는 기획부동산 사기. 그러고 보니 세림의 휴대폰으로도 '쉿! 급등 땅추천, 시세차익 5배 보장' 같은 말도 안 되는 문자가 가끔들어오곤 했다. 부동산 공부를 위해 부동산 사기도 공부해야 한다는 게 왠지 쓸쓸했지만, 꼭 필요해 보였다.

사기 vs. 투기 vs. 투자

우리나라는 부동산에 대한 관심이 높은 것에 비해 부동산에 대한 인식은 부정적인 것 같아요. 부동산으로 돈을 벌었다고 하면 투기꾼 취급받기 십상이고요. 부동산 사기 사건이 하도 많아서 그런 것 같기도 하고, 오래전부터 '복부인' 등 부정적 이미지의 용어가 자주 사용된 탓도 있겠죠. 저도 부동산 자격증을 딴다고 했을 때 부모님 첫마디가 '젊은 애가 무슨 부동산이냐'는 거였어요. 부모님들 뇌리에도 부동산 업계나 부동산 업자에 대한 부정적 인식이 아직은 큰 것 같아요. 하는 사람 입장에서는 투자인데 보는 사람들은 투기라고 하니 도대체 사기, 투기, 투자를 구분하는 기준은 뭔가요?

예전보다는 부동산 업계도 많이 투명해졌지만, 여전히 부정적 의미의 '업자'들과 '사짜'들이 많은 건 사실이에요. 부동산이라는 상품은 특징이 있죠. 일반적인 재화나 서비스처럼 소비자 가격이 정해져 있고 거기서 할인 등을 하는 게 아니에요. 이른바 시세라는 것이 있긴 하지만 적정 가격은 보는 관점에 따라 달라질 수 있고요. 썰을 잘 푸는 '업자'들이 거래도 많이 성사시키고 이들이 시세를 조정하는 측면도 없다고 하기 어려워요.

예를 들어 버스를 대절해 지방 소도시로 원정을 가서 1억 원 이하 아파트를 갭투자로 왕창 사들인다면, 당연히 그 과정에서 가격이 오르고 전세가격도 일정 비율 올라가겠지요. 이건 투자일까요, 투기일까요?

사기, 투기, 투자의 뜻은 사실 어려울 게 없어요. 검색하면 다 나오죠. 단어 하나하나의 뉘앙스도 대부분 잘 알고 있고요. 저는 이렇게 생각해요. 남이 피해 볼수록 나의 이익이 커진다면 '사기', 남이 피해 볼 수 있다는 걸 알면서도 내 이익을 추구한다면 '투기', 나의 이익이 타인의 피해를 전제로 하지 않는다면 '투자'라고요.

누구나 사기라고 생각하는 보이스피싱을 생각해보죠. 보이스피싱의 피해액이 1억 원이라면 사기 친 사람의 이익도 1억 원이에요. 피해액이 10억 원이라면 보이스피싱 일당의 이익도 10억 원이 되겠지요. 이렇게 피해액이 커질수록 사기꾼의 이익도 커져요. 남이 피해를 볼수록 내 이익이 커지니 이건 사기죠. 마찬가지로 기획부동산도 피해액이 10억 원에서 100억 원이 된다면, 이를 기획한 일당의 이익도 당연히 그만큼 더 커지겠지요. 그래서 기획부동산은 사기고, 기획부동산의 덫에 걸린 사람들은 사기 피해자들이에요. 물론 기획부동산의 덫에 걸린 사람들은 적어도 소유권 등기 이전은 하니 내 주머니에서 나간 돈을 100% 모두 날리는 건 아니지만요. 그렇더라도 단기간에 내가 산 가격에 되파는 건 불가능해요. 하염없이 기다리다 보면 어쩌면 내가 산 가격까지 회복될 수도 있겠지만 말이죠.

'투기'와 '투자'는 동전의 양면 같아요. 앞쪽에서 보면 투자 같은데, 뒤쪽에서 보면 투기인 경우도 많거든요. 아까 말한 대로 버스 타고 원정 가서 지방의 저가 아파트를 싹쓸이하는 거, 저는 '투기'라고 생각해요. 남이 피해 볼 수 있다는 걸 알면서도 내 이익을 추구하는 행위니까요. 누가 피해를 볼까요? 현지인들이죠. 예전에는 1억 원 정도면 소형 아파트를 매입할 수 있었는데 외지인이 몰려와서 훑고 간 후에는 가격이 1억 2000만 원으로 올라요. 내 집 마련을 준비하던 현지인은 갑자기 2000만 원을 더 마련해야 하지요. 그뿐인가요, 아파트 가격이 오르면 전세가격도 오르죠. 그동안은 8000만 원 정도면 안정적으로 전셋집을 구할 수 있었는데, 이제는 1500만 원을 더 올려 9500만 원을 맞춰줘야 전세 계약이 가능해요.

그러나 외지인들은 투기가 아니라 투자라고 주장하며 이렇게 얘기하겠죠. 저평가된 것을 내 돈으로 샀다, 그 덕분에 저평가된 아파트들의 가격이 올랐으니 현지인도 좋은 것 아니냐고요. 물론 아파트를 팔지 않은 현지인들은 가격이 오르니 나쁘지 않겠지만, 가격 상승의 차익은 대부분 외지인이 갖고 가겠지요.

다만 이런 논리라면 다주택자를 모두 투기꾼으로 모는

것도 가능해요. 본인이 살지도 않을 집을 사서 집값을 올린다, 그래서 실수요자들이 더 비싼 돈을 지불해야만 집을 살 수 있는 피해가 발생한다, 전세 세입자도 더 많은 전세금을 마련해야 하므로 부담이 가중된다, 그러니 다주택자가 주택으로 투기를 하지 못하게 다양한 장치를 마련해야 한다, 세금을 올리고 이익금을 환수해라, 이런 논리죠.

저는 떼지어 몰려가서 물건을 사들임으로써 시세를 조정하는 건 투기라고 생각해요. 이렇게 움직이면 그 지역 부동산의 가격은 올라갈 가능성이 매우 크고 그에 따른 피해자가 발생하니까요. 하지만 각자 자기 판단으로, 자기 돈으로 주택을 더 사는 건 투기가 아니라 투자라고 봅니다. 100채의 집이 있다고 해서 100명의 사람이 다 집을 사겠다고 나서는 것도 아니에요. 누군가는 돈이 부족해서, 또 누군가는 집을 살 필요가 없다고 여겨서 안 살 수도 있지요. 다주택자가 많아진다고 집값이 반드시 오른다는 법도 없고요. 다주택자들도 이익을 보고자 추가로 집을 매입하겠지만, 그게 반드시 타인의 피해를 전제로 한다고 보기는 어렵죠. 그래서 모든 다주택자를 투기세력으로 모는 것도, 그 부분에 방점을 찍고 주택 정책을 펼치는 것도 바람직해 보이지는 않아요.

빌라왕과 무자본 갭투자

사기, 투기, 투자에 대해 그렇게 정의해주시니 각각을 구분해서 이해하기 쉽네요. 저도 제 나름의 기준으로 한번 정의해봐야겠어요. 남의 피해를 발판으로, 또는 남이 손해를 보더라도 나만 이익이면 된다는 생각은 반드시 없어졌으면 좋겠네요. 빌라왕 전세 사기 관련 기사와 정리된 글들을 읽어보니 핵심이 '무자본 갭투자'던데, 이게 어떻게 가능하죠? 이 부분이 잘 이해되지 않아요.

신축 빌라의 높은 전세가율을 악용해서 매매가(분양가)를 허위로 높이면 무자본 갭투자가 가능해요. 자세히 설명해볼게요. 매매가격 대비 전세가격의 비율인 전세가율은 시장 상황에 따라 계속 변하는데, 아파트의 평균 전세가율은 대개 40~70% 수준에서 형성돼요. 반면 신축 빌라의 전세가율은 80% 내외로 아파트보다 훨씬 높지요. 빌라는 가격 상승 여력이 크지 않고 향후 매각하기도 어려워 매수하겠다는 사람이 적어요. 하지만 신축이어서 거주환경이 좋으니, 전세로 살다가 향후 아파트에 내 집을 마련하면 떠나려는 수요는 많아요. 매수 수요가 적어서 매매가격은 낮지만 전세 수요는 많다 보니 전세가율이 높아지는 구조죠.

예를 들어 호당 분양가 4억 원, 전세가 3억 2000만 원(전세가율 80%)에 분양 중인 신축 빌라(총 20호)가 있어요. 빌라를 신축한 건물주는 분양이 잘 안 될 것 같아 고민이고, 전세를 놓기보다는 모두 분양해서 가능한 한 빨리 현금화하고 싶어 해요. 이때 전세 사기 일당이 붙는 거죠. 어차피 분양이 어려우니 호당 분양가를 4억 원에서 5억 원으로 올려요. 그리고 전세가를 4억 원(전세가율 80%)으로 홍보하는 거죠. 전세 수요는 풍부한 편이니 전세는 호당 4억 원에도 다 나가요. 이렇게 원래 분양하려던 호당 4억 원에 전세를 맞추면 총 80억 원(4억 원×20개 호)이 들어오겠죠. 그와 동시에 사기 일당은 건물주와 매매 계약을 체결합니다. 그러면 신축 빌라를 지은 건물주는 최초 계획했던 분양 매출 80억을 챙겨서 나갈 수 있고, 전세 사기 일당은 자기 돈 한 푼 들이지 않고 20개 호의 빌라 소유주가 될 수 있어요. 게다가 그 과정에서 전세 사기 일당은 전세·매매 컨설팅 수수료도 챙기죠. 80억 원의 3%만 잡아도 수수료가 2억 4000만 원이에요.

이렇게 한 번 성공시키고 나면, 토지를 매입해 빌라를 지어 분양하는 전체 과정을 컨설팅하기 시작해요. 개발 컨설팅부터 관여하면 컨설팅 수수료는 더 커지고, 분양할 수 있는 빌라를 더 많이 안정적으로 확보할 수 있겠지요. 이처럼 규모가 점점 커짐에 따라 문제가 터질 때쯤이면 피해자도 더 많아지겠죠.

적정 가격을 확인하기 어려운 신축 빌라의 분양가를 과하게 높여서 전세금만으로도 최초 계획한 분양 매출을 챙길 수 있게끔 판을 짜고, 그 대가로 높은 컨설팅 수수료를 챙기는 구조네요. 하지만 높은 수수료에 눈이 먼다 해도 바지사장을 내세워 소유권까지 가져와야 하는 구조니, 결국에는 전세보증금 반환이 안 돼 문제가 생길 수밖에 없잖아요. 어차피 들통날 일인데 왜 이렇게 하는 거죠?

곧 들통날 수밖에 없는 범죄 행위지만 전세 사기 일당은 그렇게 생각하지 않을 수도 있어요. 빌라 예시를 다시 볼까요. 4억 원에 전세가 들어와 있는 최초 분양가 4억 원인 빌라 한 개 호가 있어요. 그럼 "이 지역에 신축 빌라가 많이 생기면서 거주 환경이 빠르게 좋아지고 있어요. 신축 빌라 개발 수요가 증가하면서 땅값도 계속 오르고 있답니다. 전세 4억 원인 빌라를 5억 원에 사는 갭투자를 하면 2년 후에는 최소 6억 원에 되팔 수 있어요. 투자한 1억 원 대비 100% 수익률을 단기간에 올릴 수 있으니, 지금 바로 투자하세요"라고 얘기하면서 개인 투자자에게 호당 5억 원에 넘길 수도 있지요. 전세 사기 일당은 호당 1억 원의 세전 시세차익도 남기고, 전세보증금 반환의 의무에서도 벗어나는 거죠. 반대로 빌라를 지나치게 비싸게 매입한 개인 투자자는 시세차익은커녕 매수한 가격에도 팔지 못해 곤란을 겪을 가능성이 높고요.

이렇게 엑시트 플랜도 세우고 실행까지 했다면 시세차

익도 챙기면서 사기 행각을 좀 더 오래 이어갈 수 있을 거예요. 하지만 이 또한 영원히 지속되기는 어려워요. 주택 시장이 나빠져 아파트 가격이 급락하면 아파트나 빌라를 사겠다는 수요 자체가 줄어 원하는 대로 팔 수 없거든요. 전세가격도 함께 떨어지면 전세를 빼서 나가겠다는 세입자가 증가하면서 전세보증금 반환을 못하게 되고, 결국에는 사기 행각이 만천하에 드러나는 거죠.

이번 '빌라왕 전세 사기'는 더 과감한 방법도 동원했어요. 감정평가사를 매수해서 감정평가액을 올리는 수법도 병행했더라고요. 이렇게 하면 신축 빌라뿐 아니라 기존 빌라까지 전세 사기의 대상이 될 수 있어요. 사기 규모가 단기간에 엄청나게 커지는 거죠.

'빌라왕 전세 사기'로 큰 홍역을 치렀으니 재발을 막기 위해 많은 법적 제도가 마련되겠지만, 부동산 시장이 좋아지면 비슷한 수법의 사기가 또 생겨날 거예요. 그러니 전세가율이 높아 사기 범죄 대상이 되기 쉽거나 깡통전세가 될 가능성이 큰 빌라에 전세를 얻을 때는, 주택임대사업자가 필수적으로 가입해야 하는 '임대보증금 보증보험'에 임대인이 가입해 있는지 반드시 확인해야 해요. 그리고 세입자도 만일의 사태에 대비해 '전세보증금 반환보증보험'에 가입해두는 게 좋고요.

개발 호재를 먹고 자라는 기획부동산 사기

다단계 금융 사기 수법인 '폰지 사기'도 그렇고, 잠깐만 생각해보면 사기라는 걸 쉽게 알 수 있는 뻔한 수법의 사기들이 계속 발생하는 이유가 뭘까요? 기획부동산 사기도 끊이지 않잖아요. 기획부동산 사기를 뿌리 뽑을 수는 없는 건가요?

전국으로 공간을 확대해보면 언제든 어딘가에서 반드시 개발이 진행되고 있어요. 신도시 개발, GTX 개발, 고속도로 개발 등 개발계획도 끊임없이 발표되고요. 그럼으로써 공간의 활용도와 가치를 높이고, 그곳에서 살아가는 사람들의 편의성을 높이니 앞으로도 당연히 개발은 계속되어야겠지요. 그리고 이렇게 개발이 계속되는 한 기획부동산 사기도 계속될 수밖에 없어요. 기획부동산 사기는 개발 호재를 먹고 자라거든요. 실제로는 개발이 아예 불가능하거나 가능성이 현저히 낮은데, 주변의 개발 호재를 미끼로 쓸모없는 땅을 비싸게 팔아넘기는 게 기획부동산 사기의 전형이죠.

예를 들어 8차선 도로가 신설되고 도로 좌측에 대규모 아파트 단지가 들어오는 개발계획이 발표돼요. 우측은 여전히 드넓은 농지와 임야로 남아 있고요. 그러면 우측의 농지와 임야도 도로 좌측처럼 대규모 아파트 단지로 개발될 거라고, 땅이 쌀 때 사두라고 기획부동산 일당이 작업하기 좋은 환경이 만들어져요.

평당 시세가 농지 10만 원, 임야 5만 원이라고 가정해볼 게요. 기획부동산 일당은 일단 이 토지들을 매입해야겠지요. 그런데 시세대로 사려면 넓은 토지를 다 확보하기가 어려워 요. 땅 주인들도 그 가격에는 팔 생각이 없다고 할 테고요. 그래서 시세의 2배를 주고서라도 최대한 넓은 면적을 매입해 기획부동산 대상지를 확보해요. 기획부동산의 매입 원가는 농지 평당 20만 원, 임야 평당 10만 원이 되겠지요. 그런데 택지개발이 예정된 8차선 도로 좌측은 최근에 평당 200만 원에 거래 됐어요. 그러면 이렇게 홍보하는 거지요. "옆 필지(도로 좌측)는 평당 200만 원에 거래됐어요. 저희 사장님이 지자체와 잘 아는 데, 이곳(도로 우측)도 곧 아파트 단지로 개발될 예정이라고 해요. 개발계획이 발표되면 평당 200만 원 이상으로 바로 가격이 뛸 테니 농지 평당 100만 원, 임야 평당 50만 원 할 때 얼른 사 두세요."

말 되는 소리 같긴 한데 개발이 예정돼 있다는 비공개 고급 정보를 갖고 있다고도 하고, 반신반의하는 마음에 사무실에 찾아가 보니 대상지가 포함된 곳에 '개발 예정'이라고 표시한 개발계획도가 떡하니 걸려 있어요. 그러면 내게도 드디어 기회가 왔다고 생각하면서 기획부동산 판매책이 제시한 가격에 땅을 사는 거죠. 자, 여기서 뭐가 문제였을까요?

토지 DNA 확인은 토지이용계획확인원으로

글쎄요. 개발계획만 확실하다면 높은 가격에 사도 더 비싸게 팔 수 있으니 좋겠지만, 실제는 개발계획 자체가 없다는 사실을 몰랐다는 것 아닐까요? 미공개 개발계획이라고 했으니 검색해도 안 나오는 걸 수긍한다 하더라도 저라면 주변에 어떤 개발계획이 있는지 조사해보고, 주변 토지가 최근에 얼마에 거래됐는지를 먼저 확인해볼 것 같아요.

정확해요. 실상은 개발계획 자체가 없었거나, 예전에 그 주변으로 비슷한 개발계획을 세웠던 적이 있는데 사업성이 없거나 법적 문제 등으로 포기한 사업일 가능성이 높아요. 세림 님은 부동산 지식이 있으니 적어도 뭘 확인해야 하는지 알고 있지요. 어디서 확인해야 하는지도 알고요. 하지만 대부분의 투자자들이 의외로 그렇지 못해요. 이제는 '디스코'나 '밸류맵' 같은 앱에서 거래내역을 바로 확인할 수 있고, '토지이음(eum. go.kr)' 사이트에 들어가면 토지이용계획확인원 등 토지와 관련된 모든 정보를 쉽게 얻을 수 있어요. 그런데도 여전히 아파트 실거래가격만 확인 가능하다고 생각하거나, 토지에 투자하면서 토지이용계획확인원이 뭔지도 모르는 분들이 꽤 많아요. 주식 투자로 치면 그 회사가 정확히 뭘 하는 회사인지, 영업이익이 나긴 하는지도 모른 채 '향후 대박이 날 바이오 섹터의 떠

오르는 종목이다'라는 말만 믿고 풀 베팅하는 것과 다를 게 없죠.

　다시 앞의 예시로 돌아가 볼게요. 일단 아파트 개발 예정지인 8차선 도로 좌측은 원래부터 '제2종일반주거지역'이었던 반면, 도로 우측 농지는 '생산관리지역'이자 '농업진흥구역'이고, 임야는 '보전산지'이면서 '공익용산지'예요. 즉 해당 농지에서는 농사만 지어라, 해당 임야는 공익용으로만 사용하라고 못 박아놓은 거지요. 이렇게 용도제한이 있어서 가격도 쌌던 거고요. 애초에 용도지역 자체가 다른데 마치 같은 용도, 예로 든 경우라면 아파트 개발도 얼마든지 가능한 것처럼 속이는 경우가 많아요. 우리나라는 모든 필지에 하나 이상의 용도를 정해서 그 용도로만 사용할 수 있는 '용도지역제'를 적용하고 있어요. 따라서 토지에 투자할 때는 그 토지의 입지와 함께 용도지역이 무엇인지, 어떤 규제사항으로 묶여 있는지 반드시 확인하고 투자 여부를 결정해야 해요. 이 부분을 잘 알지 못하면 속아 넘어가기 딱 좋지요. 공부가 필요해요.

　더 큰 문제는 기획부동산 일당이 얘기한 개발계획은 실제 논의된 적도 없는 완전 허구라는 거예요. 그럼 사무실에 있는 '개발계획도'는 뭐냐고요? 뭐긴요, 그냥 업체에 의뢰해서 그럴싸하게 만든 거죠. 조심성 많은 분들은 지자체 담당자에게 연락해보기도 해요. 그러면 지자체 담당자가 당연히 그런 계획은 없다고 하겠지요. 이걸 갖고 기획부동산에 따지면, 그런 말단 공무원이 알 수 있는 허접한 정보가 아니라고 하면서 당신 아니어도 할 사람은 많고 유명인 A씨도 이미 투자했다고 오히려 큰소리를 쳐요. 그런 얘기를 들으면 내가 괜히 의심하다가 기회를 놓치는 것 아닌가 싶어서 소액 지분이라도 투자하게 되죠.

기획부동산 일당들은 대상지의 가격을 높이기 위해 허위 경매로 낙찰가를 높이기도 하고, 이렇게 소액으로 여러 명에게 팔기도 해요. 거금을 유치하기는 쉽지 않으니 예컨대 1000억 원을 목표로 할 경우, 10억 원씩 100명에게 팔기보다는 투자자가 부담 없이 의사결정할 수 있도록 1억 원씩 1000명에게 파는 거죠. 예전에는 필지 분할까지 완료해서 되파는 경우가 많았는데, 이런 기획부동산 피해 사례가 너무 많아져서 최근에는 필지 분할이 어려워요. 대신 지분으로 매매하는 방식이 예전보다 많아졌어요. 공유 필지를 누가 사냐고 생각할지 모르지만, 덩치 큰 필지 하나를 다 사려면 20억 원이 있어야 하는데 지분을 20개로 나눠 이 좋은 땅에 소액으로 공동 투자할 수 있다고 꼬시는 거죠.

그냥 내가 LH 같은 곳에 근무하는 게 아니라면, 전혀 모르는 사람은 물론이고 평소 알고 지내던 사람이 전해준 '고급 정보'도 '기회'가 아니라 '사기'라 여기고 무시하는 게 가장 좋

부동산 공화국 생존지식

아요. 보이스피싱으로 의심되는 전화는 궁금해하지 않고 바로 끊고, 모르는 번호에서 온 문자의 링크는 클릭하지 않고 문자 자체를 삭제하는 것처럼요. 평소 잘 알고 지낸 사람이 알려준 정보도 무시하라는 건, 그 사람도 어딘가에서 들은 정보일 가능성이 높기 때문이에요. 아니면 그 거래를 통해 자기에게 금전적으로 돌아올 게 있으니 열심인 거죠.

전세 사기, 기획부동산 사기, 허위 임차인을 내세운 분양 사기, 허위 매물 등 부동산 쪽은 유독 사기나 함정이 많은 것 같아요. 몰라서 당하고, 욕심 때문에 휘둘리고, 믿었다가 손해 보는 일이 너무 많다 보니 부동산 업계에 대한 인식도 좀처럼 좋아지지 않고요. 그렇다고 관심을 완전히 끊고 살 수도 없잖아요. 투자 목적이 아니더라도 자가든 전세든 월세든 거주 목적으로 누구나 반드시 부동산 의사결정을 해야 할 때가 오니까요.

　　알고도 당하는 게 사기라지만, 사기의 주요 패턴을 미리 알고 조심하면 피해자가 될 가능성을 크게 낮출 수 있어요. 세림 님이 얘기한 대로 집 관련해서는 누구나 자신의 경제상황 내에서 최적의 선택을 해야 할 때가 반드시 와요. 그런데 인생을 살면서 그런 결정의 순간이 자주 발생하지는 않지요. 그러다 보니 평소 부동산 투자에 관심 있지 않으면 그냥 손 놓고 있는 경우가 많아요. 그러다 결정의 순간이 닥치면 주변 사람이

　　　　　　　　　　　　　　　　　사기 공화국

나 중개인 말만 듣고 급하게 결정하는 경우가 대부분이죠. 주변 사람도 부동산을 잘 모를 가능성이 크고, 중개인은 거래를 성사시켜야 하는 사람이니 듣기 좋은 얘기만 하겠지요. 그러니 부동산에 대한 기초지식을 미리미리 쌓아두고, 부동산 시장이 어떻게 돌아가고 있는지 정도는 알고 있는 게 좋아요. 평생 몇 번 하지 않는 결정의 순간이지만 워낙 큰돈이 들어가는 결정적 순간이고, 그때 어떤 결정을 하느냐에 따라 이후에 펼쳐지는 삶의 양상이 크게 달라질 수 있으니까요.

사기의 피해가 경제적 피해에 멈추지 않고 피해자의 삶 자체를 무너뜨릴 수도 있다는 것을 생각하면 정말 끔찍해요. 극단적 선택을 한 분들에 대한 기사를 읽을 때마다 너무 안타깝고, 그동안 얼마나 힘들었을까, 오죽하면 그런 선택을 했을까 하는 생각에 가슴이 저려요. 제발 좀 완전히 없어졌으면 좋겠는데 그러기는커녕 부동산 사기는 점점 진화하는 것 같아요. 보이스피싱 수법이 끝없이 진화하듯 말이에요. 상가 현장 실사할 때 봤던 임차 의향은 사기가 아니라지만, 좀 더 찾아보니 임대차계약서에 도장까지 찍었는데 실제는 임차인이 들어오지 않는 상가 사기 피해도 있더라고요.

전 재산이 들어간, 인생을 걸고 계약한 것들이 그렇게 무너지면 삶이 바닥부터 허물어지는 느낌이 들 거예요. 한국은 외국에 비해 치안이 좋아서 강력범죄가 적은 나라지만, 반대로 사기범죄 비율은 전 세계에서 가장 높은 나라 중 하나예요. 금융 사기, 부동산 사기, 취업 사기, 매매할부 사기, 보이스피싱 등 끝도 없지요. 2021년 경찰청 자료를 보면 전체 범죄 중 사기 비율이 약 10.7%인 16만여 건이나 돼요. 사기는 범죄의 특성상 피해자가 다수인 경우가 많다는 점을 감안하면 피해자 수가 실로 엄청나다고 할 수 있겠지요. 그래서 저도 사람을 믿으라는 말보다는 사람 조심하라는 말을 많이 들으면서 컸던 거 같아요.

　세림 님이 얘기한 '임대완료상가 분양 사기'는 분양 초기가 아닌 준공 후 미분양 상가를 팔 때 종종 사용되는 수법이에요. 예를 들어볼게요. 10억 원에 분양했던 4층 상가가 있어요. 예상 임대료는 400만 원(월)/4000만 원(보), 기대수익률은 5.0% 나오니 분양받으라고 엄청 홍보했지만, 주변에 먼저 들어선 상가들도 텅텅 비어 있어 결국 분양에 실패하고 완공될 때까지 미분양 상태로 남아 있어요. 임대 가능한 시세는 200만 원/2000만 원 정도인데, 이 가격에 임대해서는 원하는 가격에 분양이 어려워요. 5.0%에 거래된다면 5억 원 정도의 가치밖에 없다는 뜻이니까요.

　이때 허위 임차인을 내세우는 거죠. 400만 원/4000만 원에 들어오겠다는 임차인이 있다면서 임대를 바로 맞춰주는 조건으로 분양매매계약서와 임대차계약서를 동시에 작성해요.

그러면 투자자는 임대차계약서도 썼겠다, 다음 달부터 바로 임대료를 받을 수 있을 거라 생각하죠. 그런데 임차인은 애초에 여기 들어올 생각이 없었으니 인테리어 공사도 하지 않고, 이전 계획이 부득이하게 지연돼 자기도 힘들다며 차일피일 입주를 미뤄요. 월세도 안 내고 보증금 4000만 원 까먹을 때까지 있다가 중도 계약 해지를 통보하고 홀연히 사라집니다. 결국 투자자는 5억 원 가치의 상가를 10억 원 주고 산 꼴이 되는 거죠. 이런 사기 설계는 사실 피해갈 수 있어요. 주변에 공실도 많으니 다른 4층 상가들은 얼마 정도에 임대 매물로 나와 있는지만 확인했어도 이상하다는 것을 쉽게 알 수 있거든요. 하지만 이런 확인 과정을 거치지 않는 분들이 의외로 많고, 결국 설계된 덫에 걸려들게 되는 거죠. 정말 안타깝지만 이런 사기도 수법을 조금씩 달리하면서 계속 이어질 거예요.

제가 만약 그런 사기를 당했다면 정말 미쳐버릴 것 같아요. 부동산은 투자 규모가 커서 타격이 심한 데다 왠지 호구 잡힌 느낌 때문에 더 절망스러울 것 같아요. 사기당한 사람이 극단적 선택을 하는 세상이 아니라, 사기 치다 걸리면 회복 불가능하게 만드는 강력한 법 개정과 법 집행이 이뤄지면 좋겠어요.

정말 그런 세상이 하루라도 빨리 오면 좋겠네요. 특히 부동산 사기는 피해자의 인생을 망가뜨릴 수 있는 만큼 정부가 서둘러 실질적 대책을 마련해줬으면 좋겠어요. 부동산 관련 사기를 유형별로 분류하고 어떻게 하면 전세 사기, 기획부동산 사기, 상가분양 사기 등을 걸러내고 피할 수 있는지도 계속 알리고요.

수업을 마치고 공 대표는 먼저 일어나고, 세림 홀로 카페에 남았다. 지난주 실사와 이번 주 수업을 마치고 많은 생각이 들었다. 내가 부동산 관련 일을 잘할 수 있을까? 내가 잘한다 해도 좋은 시선으로 봐주는 사람이 적은 업계에서 사회생활을 다시 시작하는 게 맞을까? 이대로 하다가 돈이 좀 모이면 내 자본으로 카페를 차려보는 건 어떨까? 수업도 재미있고 부동산 공부도 좋았지만, 막상 직업으로 부동산을 할 수 있을지 자신이 없어졌다.

카페를 정리하고 동네를 크게 한 바퀴 돌았다. 5년 전에 입주한 오피스텔 1층 상가는 아직도 절반이나 공실 상태였다. 입주 때 붙어 있던 '매매·임대' 스티커도 이제는 보이지 않았다. 남이 피해를 볼수록 내 이익이 커지는 '사기', 남이 피해 보더라도 내 이익만 챙기면 된다는 '투기', 타인의 피해를 전제하지 않고 이익을 추구하는 '투자.' 사기의 피해자가 되지 않도록 미리미리 공부하고, 투자할 때 나의 결정으로 피해를 보는 사람이 생기지 않게 해야겠다는 생각을 하며 현관문을 열었다.

샤워를 마친 세림은 책꽂이에서 상권분석 책을 꺼내 들었다. 다음 주 주제가 상권이기도 하고 잠도 안 와서 책을 펼쳤는데, 역시 책을 읽다 보니 금세 눈꺼풀이 무거워졌다. 그래, 상권을 무슨 책으로 공부하냐, 가서 봐야지. 적어도 서울 주요 상권의 맛집은 꿰고 있다는 자신감(?)도 있었다. 다음 주 수업은 카페 말고 뜨는 상권의 맛집에서 저녁을 먹으면서 하자고 말해봐야겠다 생각하며 세림은 협탁 위 독서등을 껐다.

사기 공화국 √Point

1. 남이 피해를 볼수록 나의 이익이 커진다면 '사기'다.

2. 남이 피해를 보더라도 나는 이익을 얻겠다고 생각하며 행동하면 '투기'가 될 수 있다.

3. 다주택자를 투기꾼으로 규정하고 정책을 입안해서는 안 된다.

4. 빌라는 전세가율이 높아 앞으로도 '빌라왕 전세 사기'와 유사한 사기가 반복해 일어날 수 있다.

5. 빌라 전세 시에는 '임대보증금 보증보험' 가입 여부와 '전세보증금 반환보증보험' 가입 가능 여부를 반드시 확인해야 한다.

6. 기획부동산 사기는 개발계획을 먹고 자란다.

7. 개발계획은 꾸준히 발표되므로 기획부동산 사기는 앞으로도 끊이지 않고 일어날 것이다.

8. 부동산 투자, 특히 토지 투자 시에는 '토지이용계획확인원'을 통해 용도지역 등 토지의 DNA를 직접 확인해야 한다.

9. 부동산 사기에 당하지 않고 달콤한 유혹에 넘어가 후회하지 않기 위해서라도 평소에 부동산 공부를 해두는 게 좋다.

10. 살면서 집 관련 의사결정을 할 때가 반드시 온다. 그때 어떤 선택을 하느냐에 따라 삶의 방향이 바뀔 수도 있다.

8장

카페 공화국

세림의 제안에 공 대표도 흔쾌히 응했다. 성수동, 용리단
길, 을지로 등 몇 개의 후보지 중 고민하다가 최근에 다시
뜨고 있는 압구정로데오에서 저녁을 먹기로 했다. 압구정
로데오는 세림도 오랜만이었다. 예전에는 가끔 왔는데 카
페 매니저로 일한 후로 한 번도 오지 못했다. 코로나19 이
후 가장 뜬 상권 중 하나인 이곳! 공실도 확실히 줄고 예
전보다 회복된 느낌이다. 세림과 공 대표는 저녁 예약 2시
간 전에 압구정로데오역 5번 출구 앞에서 만나 청담동과
압구정로데오 일대를 둘러보았다. 거리는 그다지 붐비지
않았는데, 식당에 도착하니 예약하지 않은 사람들로 이미
길게 줄이 서 있었다.

중소형 판매점 vs. 체험형 대형 매장

여기 사람 엄청 많네요. 예약 안 했으면 못 먹을 뻔했어요. 여기도 그렇고 성수동도 그렇고 요새 뜬 상권들은 거리는 그리 복잡하지 않은데 가게 안은 사람들로 꽉 차 있을 때가 많아요. 인스타그램 같은 SNS가 일상화되면서 가고 싶은 곳, 사진 찍고 싶은 곳을 미리 좌표 찍고 찾아가나 봐요.

여긴 상권이 살아나서 다행인데, 명동이나 가로수길 같은 상권은 걱정이에요. 코로나19 전에는 명동 상권 같은 전통상권에 사람이 정말 많았잖아요. 팬데믹도 수그러들었는데 그 상권들은 왜 회복이 더디지요? 오랫동안 힘쓰지 못하던 압구정로데오 상권도 이렇게 다시 뜨는데 말이에요.

팬데믹 초기는 정말 끔찍했지요. 모든 게 일시에 멈춰버렸잖아요. 학교도 가지 못하고 재택근무하는 회사도 늘고. 학교와 회사에 가지 않다 보니 옷도 덜 팔리고, 식당 매출도 급감했고. 매주 마트에 가시던 어머니들도 쓱배송, 쿠팡, 마켓컬리 등 모바일 쇼핑의 편리함을 알게 됐고요. 예전에는 배달음식이라 하면 중국집, 피자, 치킨, 야식 일색이었고 인기 맛집은 아예 배달이 안 됐는데, 코로나로 인기 맛집도 배달을 해야만 하는 상황이 되면서 이제는 거의 모든 음식을 간편하게 집에서 먹을 수 있게 됐지요. 이후 일상으로의 복귀가 속속 이뤄지면

부동산 공화국 생존지식

서 세림 님 말대로 압구정로데오처럼 다시 뜬 상권이 있는가 하면, 명동이나 가로수길처럼 상대적으로 회복이 더딘 상권도 있어요. 그래도 지금은 코로나 때보단 훨씬 좋아졌다고 하더라고요.

회복이 늦은 명동 상권, 가로수길 상권은 관광객 중심의 광역상권이라는 공통점이 있어요. 따라서 관광객 유입이 예전 수준으로 회복되지 못해 상권 회복이 늦어지는 점은 분명 무시할 수 없죠. 하지만 더 중요하게 봐야 하는 건 상권 내 메인 스트리트가 패션브랜드 매장, 화장품 매장 등 판매점에 너무 치중돼 있다는 사실이에요. 유동인구가 많아 브랜드 홍보 효과도 좋고 매출도 많이 올릴 수 있는 이런 곳은 임대료가 무척 비싸요. 그런데 코로나19로 유동인구가 뚝 끊기자 그 비싼 임대료를 내면서 버티기가 어려워졌어요. 차라리 매장을 폐쇄하고 철수하는 게 유리했던 거죠. 그래서 매장을 뺐는데 공실이 장기간 이어졌음에도 임대료는 크게 내려가지 않았어요. 그러니 매장이 새 주인을 찾는 데 오래 걸리고 공실 기간이 길어지면서 상권 회복도 더디어졌지요.

여기서 놓치지 말아야 할 건 코로나19를 겪으면서 판매점의 영향력이 크게 감소했다는 사실이에요. 예전에는 한 상권에 나이키 매장만 3~4개나 됐어요. 나이키와 경쟁하는 아디다스 매장도 같은 상권에 2~3개가 있었고요. 그런데 이제

카페 공화국

는 판매점이 많다고 높은 매출로 이어지지 않아요. 오프라인 판매점을 줄여도 온라인 쇼핑으로 충분히 대체 가능하니까요. 오히려 한 상권에 여러 개의 중소형 매장을 운영해 고객 접근성을 높이기보다는, 제대로 된 대형 체험형 매장 하나를 만들어서 방문객들에게 브랜드 경험을 확실하게 심어주는 편이 훨씬 낫지요. 체험매장에서 옷을 바로 사도 좋고, 구경만 하고 온라인으로 구매해도 브랜드로서는 나쁠 게 없어요. 쇼핑으로 바로 이어지지 않아도 좋은 경험을 안고 돌아간다면 브랜드에 대한 신뢰도와 로열티를 높일 수 있고요. 모든 상권에 체험매장이 있을 필요도 없어요. A브랜드가 강남대로와 가로수길을 선택했다면, 젊은 층이 주 타깃인 B브랜드는 홍대, 성수동에 먼저 오픈하고, 고급 이미지를 추구하는 C브랜드는 청담, 한남에만 매장을 둘 수도 있지요.

앞으로 글로벌 브랜드들은 'Apple 가로수길', 'Apple 명동', 'Apple 강남'과 같은 애플스토어 식 체험매장을 계속 늘려갈 겁니다. 이런 체험매장이 들어갈 수 있는 상권, 들어가고 싶어 하는 상권과 그렇지 않은 상권은 격차가 더 크게 벌어지겠죠. 예전에는 100개의 판매점이 필요했다면, 앞으로는 10개의 체험매장만으로 충분해요. 이 말은 부동산 관점에서 무슨 뜻일까요? 어딘가에는 공실이 많이 발생한다는 거죠. 이런 공실은 기존에 중소형 판매점이 줄지어 있었던 지역상권 내의 대

부동산 공화국 생존지식

로변이나 메인스트리트에서 주로 발생할 거예요.

세림 님이 걱정한 명동 상권, 가로수길 상권 등은 시간은 좀 걸리겠지만 체험매장이 들어서면서 과거의 위상을 회복할 거예요. 물론 워낙 임대료가 비싸서 메인스트리트에 식음 매장이 들어오기는 쉽지 않으니 판매점 비중을 아예 낮추기는 어렵겠죠. 하지만 단순히 물건만 파는 곳이 아닌 체험매장의 비중이 높아지면서 상권은 더 견고해지고 사람들이 즐길거리도 더 많아질 겁니다. 문제는 대로변이라는 이유만으로 브랜드 판매점이 들어와 있던 전국의 수많은 지역상권들이에요. 개인 투자자라면 투자금이 큰 대로변만 고집하기보다는 이미 식음이 탄탄하게 자리잡고 있거나, 그렇게 될 가능성이 있는 이면상권의 건물을 사는 게 나을 수도 있어요.

광역상권, 지역상권, 근린상권

저도 친구들과 약속할 때는 주로 먹으러 가거나, 먹기 전에 즐길 공간이나 브랜드 체험이 가능한 곳 중심으로 계획을 짜긴 해요. 플래그십 스토어 형태인 대형 체험매장도 종종 가지만, 그때만 갈 수 있는 기간 한정 팝업스토어에 더 자주 가고요. 팝업스토어가 '나, 지금, 여기' 있다고 인증샷 남기기 더 좋기도 하고, 트렌드를 살피기도 좋거든요. 얘기하다 보니 최근에 플래그십 스토어나 팝업스토어가 많이 생기는 곳에 투자하면 좋겠네요. 결국 이런 상권이 좋은 상권이고 뜨는 상권이니 돈만 있으면 팝업스토어 구경 갔다가 그 옆 건물 사고 오면 좋은데, 돈이 없네요, 하하. 아까 광역상권, 지역상권이라는 표현도 쓰셨는데, 말 나온 김에 상권 위계를 어떻게 구분하는지도 알려주세요.

상권을 나누는 방법은 많지만, 상권의 영향력이 미치는 범위에 따라 '광역상권', '지역상권', '근린상권'으로 나누는 게 일반적이에요. 당연히 광역상권이 가장 좋은 상권이고요. 광역상권이 미치는 영향력의 범위는 국내에 한정되지 않아요. 해외에서 온 관광객들도 찾아오는 곳이어야 진정한 광역상권이라 할 수 있어요. 전통적인 광역상권은 명동·인사동, 홍대, 강남·가로수길이죠. 최근 내국인은 물론 해외 관광객들의 발길도 늘어나고 있는 을지로, 한남동, 성수동 등도 광역상권의 면모를 갖춰가고 있고요. 오랜만에 만나는 친구와 약속을 잡을 때 이런 곳으로 정하면 실패할 확률이 낮죠.

'지역상권'은 말 그대로 그 지역의 중심이 되는 상권이에요. 광역상권보다는 위계가 낮지만 상권이 탄탄하고 교통이 좋아 안정적이고 점진적으로 계속 발전하는 곳이죠. 노원, 왕십리, 건대, 잠실, 교대역, 사당, 여의도, 영등포, 판교 상권 등이 대표적이에요. 동네 친구끼리 모임 할 때 주로 이런 곳에 약속

부동산 공화국 생존지식

을 잡죠. 먹고 마시며 놀기 딱 좋고 집에 가기도 편하고. 반면 뿔뿔이 흩어져 있는 옛 친구들이 오랜만에 만나는데 송년회 자리를 잠실로 정하기는 쉽지 않아요. 누구는 가깝지만 누군 가는 멀고, 그런데 멀리서 오기에는 그곳만의 특별함이랄 게 딱히 없거든요. 지역상권도 해외 관광객이 찾는 경우가 있지 만 그 빈도는 광역상권에 비해 확실히 낮아요.

수익형부동산에 투자해 안정적으로 임대수익도 올리고 장기적으로 시장 평균 이상의 가치 상승도 원한다면 광역상권 이나 지역상권 내에서 투자하는 게 좋아요. 단, 수익형부동산 은 아파트와 달리 개별성이 워낙 강하고 적정 가치를 산정하 기도 쉽지 않다는 건 아셔야 해요. 그래서 평소에 공부해두는 게 중요하고, 능력 있는 전문가를 곁에 둘 수 있다면 더 좋겠죠.

'근린상권'은 접근성 좋은 동네 상권이에요. 우리 지난번 에 신도시에 있는 분양상가에 현장 실사 갔죠. 그런 곳들이 근 린상권이에요. 근린상권의 장점은 주변 거주민이 주 타깃이어 서 배후 수요가 비교적 안정적이라는 것이고, 단점은 외부에 서 유입되는 소비세력이 별로 없어 성장, 발전하기 어렵다는 거죠.

'항아리상권'이라는 말 들어봤죠? 특정 지역에 상권이 한 정돼 더이상 팽창하지 않지만, 소비자들이 다른 지역으로 빠 져나가지도 않는 상권을 가리켜요. 지하철역과 한참 떨어진

203

근린상가를 분양할 때 홍보용으로 많이 쓰는 용어죠. 내부의 소비자들이 빠져나가지 않는 것은 좋지만, 외부에서 소비자들이 들어오지도 않는다는 것을 반드시 명심해야 해요. 근린상가 분양 시 '항아리상권'을 강조한다면 교통은 좋지 않고 상권도 성장하기 어려운 곳, 외부로부터 소비 유입이 불가능하고 내부 소비자들도 큰 소비를 할 때는 외부로 빠져나가는 곳, 그래서 시간이 지날수록 상가의 노후화와 함께 상권도 활력을 잃어가는 곳이라고 해석하는 게 좋아요.

예술가와 셰프, 지하철역의 교집합

항아리상권은 안정성이 높다고 생각했는데, 듣고 보니 상권조사의 필수항목인 유동인구 측면만 봐도 확실히 한계가 있는 상권이네요. 유동인구가 많으려면 상권 자체의 매력도 중요하지만, 좋은 지하철 노선을 접한 역세권이어야겠죠? 그래서 또다시 기승전 '지하철'인가 봐요. 매일 외지에서 사람들이 유입되려면 오피스 밀집 지역이거나 큰 대학이 있으면 좋겠고요. 거기에 관광객까지 찾아온다면 최고네요.

　　그렇게 보면 '역세권+상권만의 매력·특색', '역세권+오피스 상권', '역세권+대학가 상권'의 조합이 상권 성장을 위한 기본 조건 같아요. 이런 조합이 완성된다고 모두 뜨는 상권이 될 수는 없겠지만요. 앞으로 가치가 크게 오를 상권을 미리 알 수 있다면 정말 좋겠어요. 그런 곳을 싸게 사두면 가격도 많이 오르고 임대료도 계속 올라 두고두고 효자 역할을 할 텐데. 뜰 상권을 미리 알 수 있는 방법은 없나요?

제가 〈재벌집 막내아들〉도 아니고 앞으로 펼쳐질 일을 어떻게 알겠어요. 하지만 앞으로 뜰 상권들을 어느 정도 예측할 수는 있어요. '젊은 예술가와 셰프들이 모이기 시작하는 지하철역 가까운 곳'을 눈여겨보세요.

젊은 예술가들은 대개 경제적으로 풍족하지 않죠. 그들의 공방이나 아틀리에가 자리잡는 곳은 그래서 임대료가 싸요. 임대료가 싸면 교통이 좋지 않은데 만약 지하철역에서도 가깝다, 그러면 먼저 자리잡은 친구를 따라 온 젊은 예술가들의 아틀리에가 점점 늘어납니다. 이렇게 젊은 예술가들이 모이고, 이들이 작품을 내놓고 팔면서 거리에 독특한 색깔이 생기고, 사람들도 점점 모여요. 세림 님이 방금 말한 '역세권+상권만의 매력·특색'의 조합이 완성되면서 유동인구가 점점 많아지는 거죠.

최근에는 젊은 셰프들의 움직임을 눈여겨봐야 해요. 젊은 셰프가 한 명 두 명 늘면서 그들이 기획한 음식점에 긴 대기줄이 생기기 시작한다, 그러면 그곳을 중심으로 다양한 음식

점들이 생기고 더 많은 사람들이 모이면서 뜨는 상권이 될 가능성이 높아요. 젊은 예술가들과 달리 요새 젊은 셰프들은 경제적으로 여유 있는 유학파도 많아요. 셰프, 마케터, 공간 디자이너 등 각 분야 전문가들이 팀을 이뤄 공간을 기획하는 경우도 흔하고요. 기존의 젊은 예술가들과 결은 약간 다를 수 있겠지만, 최근에 젊은 예술가와 젊은 셰프들이 어디로 이동하고 모이는지, 그 공간으로 사람들도 모이기 시작하는지를 보면 1차적인 힌트를 얻을 수 있어요.

그런데 이것만으로는 부족해요. 더 중요한 건 지하철역과의 접근성이죠. 일단 새로우면 그곳을 찾는 사람들이 일시적으로 늘어날 수 있어요. 하지만 지하철역과 멀면 많은 사람들이 지속적으로 찾아오기 어려워요. 그래서 상권 발전이 더디거나, 정체되거나, 한 번 반짝하고 마는 경우가 많지요. 부암동, 연희동, 후암동 같은 곳이 그래요. 좋긴 한데 접근성이 떨어지는 바람에 제대로 된 상권으로 성장하기가 어려워요. 그러니 지하철역에서 가까우면서도 젊은 예술가와 셰프들이 모이기 시작하는 곳을 찾아보세요.

그런 곳이 어디예요? 우리가 있는 압구정로데오 상권도 그런 곳인가요? 압구정로데오역에서 가깝고 맛집도 많이 생기고 있잖아요.

세림 님은 X세대가 아니니 압구정로데오 상권을 잘 모르죠. 1988년에 오픈한 한국 맥도날드 1호점이 선택한 곳이 바로 압구정로데오였어요. 1980년대 말에서 1990년대 초 가장 잘 나가던 상권이었지요. 당시 압구정로데오가 잘나갔던 이유는 아이러니하게도 지하철역이 없어서였어요. '우리는 강남에 살고, 지하철이 아닌 오픈카 타고 다니는 유학파다', 대강 이런 이미지로 포장된 곳이었지요. 오렌지족, 야타족, 배꼽티 등의 신조어가 1990년대 초 이곳에서 탄생했어요. 하지만 지하철역 없이 만들어진 자기들만의 상권이 오래갈 수 없지요. 콧대 높아진 임대인들은 건물을 신축하고 더 비싼 임대료를 요구했지만, 찾는 사람들이 점점 줄어들면서 결국 매장은 텅텅 비고 압구정로데오 상권은 급격히 쇠락했어요.

지는 곳이 있으면 뜨는 곳도 있겠죠. 슬럼화돼 썰렁했던 가로수길이 2000년대 중반부터 뜨기 시작해요. 화랑, 공방이 많아지고 작은 옷가게, 노천카페 등이 생기면서 예술인의 거리, 소호(SOHO) 거리가 된 거죠. 교통이 좋다 보니 사람들도 많이 모이고, 사람들이 모이니 주택과 빌라들이 상가로 리모델링되고 밥집, 술집, 커피숍 등이 더 많아졌어요. 사람들이 많이 모이다 보니 임대료도 계속 오르고, 결국 기존에 터를 닦았던 사람들은 높은 임대료를 견디지 못해 떠나고 메인스트리트에 자라(ZARA) 등 글로벌 브랜드가 들어오면서 젠트리피케이션(gentrification)이 사회문제가 됐죠. 기사로도 많이 접해봤죠? 그런데 흥미로운 점은, 코로나19 때 메인스트리트인 가로수길은 공실이 많아졌는데 신사역에서 가로수길로 가는 이면 도로의 식음 밀집지역은 탄탄하게 유지됐다는 거예요. 젠트리피케이션의 역설이죠.

우리 오늘 압구정로데오역에서 만났지요. 그 역이 2012년에 개통됐어요. 역이 개통되면 압구정로데오 상권이 옛 영광을 빠르게 되찾을 거라고 많은 사람들이 기대했지만 실제로는 힘을 쓰지 못했어요. 이미 가로수길 상권이 너무 커져서 굳이 압구정로데오에 올 필요가 없는데 임대료는 여전히 비쌌기 때문이죠. 압구정로데오 상권은 임대료를 낮추며 나름대로 부활을 꿈꿨지만 가로수길로 향하는 사람들의 발길을 돌리지는 못했어요. 압구정로데오에 있는 건 모두 가로수길에 있는데, 가로수길에 즐비한 글로벌 브랜드숍은 압구정로데오에 없는 상황이 한동안 이어졌지요.

그러다 코로나19로 가로수길 메인스트리트에 공실이 많이 생기고 상권 자체의 생기가 떨어지면서 드디어 압구정로데오에 절호의 기회가 생긴 거죠. 지하철역에서 가깝고, 이제는 임대료도 가로수길보다 높지 않으니 젊은 셰프들이 압구정로데오 상권으로 모이기 시작했어요. 그러니 사람들도 모이고 을지로의 좁은 골목을 돌아다니며 숨어 있는 가게를 찾아가는 재미를 알게 된 젊은이들이 이곳으로 속속 모여들기 시작한 거죠.

과거 압구정로데오 상권은 지하철역이 없어서 오래가지 못했다, 가로수길 상권은 '젊은 예술가와 셰프가 모이는 지하철역 가까운 곳'이 되면서 2000년대 중반부터 빠르게 확장됐다, 압구정로데오 상권에도 2012년에 지하철역이 생겼지만 높은 임대료와 가로수길 상권에 눌려 힘을 쓰지 못했다, 그러다 코로나19 팬데믹을 겪으면서 가로수길 상권이 휘청하자 임대료 경쟁력이 있는 압구정로데오 상권에 젊은 셰프들이 모이기 시작하며 상권이 부활했다, 이런 말씀이죠. 상권은 생물과 같아서 계속 변한다고 하던데, 앞으로 이 두 상권이 어떻게 변해갈지 궁금해요.

　　세림 님은 이해력도 좋고 정리도 참 잘하네요. 가로수길 상권이 2000년대에 뜬 대표적인 상권이라면 1990년대에는 홍대 상권이 있었고, 2010년대 들어서는 을지로 상권, 성수동 상권 등이 떴지요. 2020년대 들어서는 용리단길 상권과 압구정로데오 상권이 뜨고 있고요. 이미 뜬 상권 말고 앞으로 뜰 상권을 알려달라고 했죠. 이런 곳은 저보다 세림 님이 더 잘 알지 않을까요? 한창 친구들과 어울릴 나이잖아요. 친구들과 만나서 어디를 주로 가는지, 예전에는 잘 안 갔는데 최근에 가기 시작한 곳이 어딘지 한번 생각해봐요.

　　　　　　　　　　　　　　　　카페 공화국

을지로, 성수동, 용리단길

전에 다녔던 회사가 도심에 있어서 회사 친구들 만날 때는 주로 을지로에 가요. 갈 때마다 사람이 더 많아지는 것 같고, 외진 곳에도 가게가 생기면서 상권도 점점 확장되더라고요. 그러고 보니 요새는 친구들과 신당역 쪽에서도 가끔 봤네요. 친구들이 퇴근하고 오기도 편하고 저도 집에서 가까워서요. 최근에 맛있는 가게도 많이 늘었어요.

저도 시간 내서 한번 가봐야겠네요. 안 그래도 다음 주에 친구들 모임 있는데 가볼 만한 곳 몇 군데만 추천해주세요. 신당역은 을지로, 성수동, 용리단길 상권처럼 오피스 밀집 지역을 끼고 있지는 않아서 한계가 있지만, 입지에 비해 그동안 너무 발전이 더뎠던 건 사실이에요.

을지로, 성수동, 용리단길 상권들은 세림 님이 말한 '역세권+오피스 상권+상권만의 매력'을 모두 갖춰가면서 앞으로도 계속 성장할 걸로 보여요. 이런 기대감 때문에 가격이 너무 비싸지긴 했지만, 외부 충격으로 가격이 낮아지거나 급매가 나올 수도 있으니 관심을 놓지 않는 게 좋겠죠.

을지로 상권은 많은 블록이 이미 정비구역으로 지정돼 있어요. 정비구역은 대부분 대규모 오피스빌딩이 준공될 예정이니, 정비구역에서 제외되고 지하철역과 가까운 블록들은 희소성도 높고 주변 오피스빌딩에서 나오는 탄탄한 소비층도 확보돼 앞으로 더 좋아지겠죠.

성수동 상권은 준공업지역이어서 용적률이 높아 지식산업센터가 계속 들어서고 있는데, 앞으로는 개별 사옥도 점점 많아질 거예요. 이렇게 오피스 밀집도가 높아지고 성수전략정비구역에 아파트까지 입주하면 배후 거주민과 오피스 근무자가 동시에 늘어나니 그 수요에 맞춰 상권도 더 확장되고 발전하겠죠.

용산역 주변도 대부분 정비구역으로 묶여 있어요. 여기도 오피스 중심으로 개발될 예정이에요. 그럼 용리단길 상권으로 더 많은 사람들이 안정적으로 유입되겠죠. 용산공원과도 접해 있으니 용산공원이 개장하면 공원에 나들이 나온 사람들도 이곳으로 몰려들 겁니다.

뜨는 상권의 상가 투자 포인트

상권은 성장하면서 점점 확장돼 가잖아요. 을지로만 해도 1년 전에 갔을 때는 여기서 상권이 끝나네 싶었는데, 그새 더 커졌더라고요. 수평적으로 점점 넓어지는 건 물론이고 수직적으로도 1층뿐 아니라 2층 3층까지 상가가 들어갔으니 상점으로 치면 몇 배가 늘

카페 공화국

어난 셈이죠. 연남동도 가로수길도 성수동도 모두 그렇고요. 그러고 보면 상권이 성장할 때는 굳이 비싸고 매물도 적은 메인스트리트 말고, 확장 가능성이 있는 곳을 미리 사두면 좋을 것 같아요. 그런 의미에서 일전에 아파트보다 주택이 좋지 않냐고 말씀드렸던 거였어요.

　　아주 중요한 포인트를 얘기했네요. 잠시 반짝하다가 죽는 상권도 있지만 지하철역 가까운 상권이 새롭게 뜨기 시작했다면 찾는 사람이 늘어나면서 특색 있는 상점도 줄 서는 맛집도 점점 많아지겠죠. 처음에 형성된 메인스트리트를 중심축으로 상권이 점점 퍼져나가고요. 그러니 상권이 확장되기 전에 서브스트리트를 사두는 전략은 매우 좋아요. 가로수길이 뜨고 상권이 퍼져나가자 이제는 세로수길이라는 말이 생겼죠. 이렇게 대부분의 상권은 성장하면서 일정 기간 지속적으로 확장해가요.

　　얼마 전까지만 해도 강남 상권은 강북 상권에 비해 확장이 어렵다고 여겼어요. 홍대나 연남동만 해도 상권이 확장함에 따라 주변의 단독주택을 매입해 상가 건물로 신축하거나 리모델링해서 상가로 탈바꿈시키는 경우가 많았죠. 반지하가 있는 다가구주택은 리모델링해서 상가로 만들기 쉬우니 상권 확장 속도도 빨랐어요. 반면에 강남권은 주택지로 들어갈수록 소유주가 여러 명인 빌라 비중이 높아서 상권 확장이 제한적이었지요. 그런데 상권이 좋아지면 인근 빌라를 웃돈을 조금 주고서라도 한 개 호 한 개 호씩 모두 사들여 신축하거나 리모델링하면 사업성이 나오니, 수고스럽긴 해도 상권 확장 가능성은 예전보다 높아졌지요.

주택보다 아파트가 낫다고 했던 건 주택이 주택의 용도에 머물러 있을 때를 가정한 거였어요. 전체 주택지를 놓고 보면 주택지가 상권에 편입돼 상가로 전환될 가능성이 그다지 높지 않거든요. 1층에 작은 상가도 들어오기 어려운 주택지보다는 1층에 편의점, 작은 카페라도 들어올 수 있는 주택지 가격이 더 높겠지요. 그래서 주택만 가능한 곳보다는 상가주택도 충분히 가능한 곳이 당연히 더 비싸요.

상권이 뜨기 시작했다는 것은 적어도 1층은 모두 상권화되었다는 뜻이에요. 이렇게 되면 주택지였을 때보다 가격이 2배 정도 뛰어요. 그러고도 상권이 계속 활성화되면 1층뿐 아니라 건물 전체가 다 상가로 바뀌죠. 그러면 또 2배 뛰어요. 이렇게 메인스트리트에 있는 상가가 전체 상가로 운용될 즈음이면 이미 서브스트리트 1층도 모두 상권화되기 시작하면서 수평적으로도 상권이 확장됩니다. 예를 들어 주택으로만 사용됐을 때 토지 3.3m^2당 2000만 원이었다면, 상권이 형성되면 4000만 원이 되고, 상권이 수직적으로도 확장돼 건물 전체에서 임대료가 나오게 되면 8000만 원이 돼요. 이쯤이

카페 공화국

면 상권은 수평적으로도 확장돼 서브스트리트 가격도 4000만 원까지 올라가죠.

여기서 가격이 또 오를 수 있을까요? 물론 가능하죠. 단, 그러려면 임대료를 많이 낼 수 있는 글로벌 브랜드나 유명 브랜드 판매점이 저층부에 들어오기 시작해야 해요. 그럼 또 가격이 2배로 오릅니다. 메인스트리트는 1억 6000만 원, 서브스트리트는 8000만 원, 이런 식으로요. 이 시기가 바로 젠트리피케이션이 발생할 때고 상권 고유의 특성이 사라지기 시작하는 시점이에요.

어느 상권이 뜰지 처음부터 알고 들어가는 건 쉽지 않아요. 하지만 상권이 뜨는 초기 징후는 감 좋은 분들이라면 충분히 알 수 있어요. 이때 상대적으로 매물도 많고 가격 오름폭도 거의 없는 이면의 물건을 사는 건 긍정적으로 검토할 만해요. 단, 어떤 길로 퍼져나갈까? 그 길에서도 어떤 건물은 사면 안 될까? 이런 것까지 알려면 더 많은 경험과 공부가 필요하죠.

그런데 뜨는 상권 내 이면에 있는 꼬마 빌딩도 20억 원 이하 건물은 거의 없던데요. 그래서 20억 원 이하의 수익형부동산 투자를 생각하다 보면 어디 좋은 구분상가 없는지 다시 고민하게 되더라고요. 소액으로 구분상가 말고 이런 상권 내 건물을 사는 것은 역시 불가능하겠지요?

20억 원 이하로 건물을 사는 건 쉽지 않지요. 하지만 건물이 아니고 구분상가처럼 빌라의 한 개 호만 사는 방법은 있어요. 지하철역 가까운 곳에서부터 시작한 상권은 확장되면서 주택가로 퍼져나가요. 더 확장되다가 결국 빌라들이 밀집한 블록과 맞닥뜨리게 되지요. 그러면서 일반적으로는 상권 확장이 멈춰요. 특히 필로티가 있는 빌라들이 모여 있다면 1층이 주차장으로 사용되잖아요. 그래서 누군가 빌라를 통째로 사서 신축하기 전에는 상권 확장이 어려워요. 하지만 오래전에 지은 빌라들은 반지하가 있어요. 이때 이 반지하를 사면 투자액도 작고 임대도 잘되고 상권 확장, 성장에 따른 시세차익도 크게 기대할 수 있어요.

예를 들어 지하1층/지상3층 규모의 오래된 빌라가 있다고 해봐요. 지하는 반지하고요. 반지하는 주택으로서의 가치는 크게 떨어져요. 빛도 잘 안 들고 전망도 없이 행인들의 다리, 자동차 바퀴만 보며 살아야 하죠. 길가의 쓰레기도 바로 보이고 큰비가 내리면 위험할 수도 있어요. 그러니 지상보다 가격이 당연히 더 싸지요. 하지만 상가로서의 가치는 꽤 높아요. 상권이 확장돼 반지하 1층에 상가가 들어올 수 있게 되면 반지하 1층의 가치는 지상 1층 상가의 가치와 거의 맞먹거든요. 그러니 주택으로서의 가치가 낮은 반지하를 싼값에 사서 상가로 개조하고 임대한다면 높은 수익률을 기대할 수 있어요. 이렇

카페 공화국

게 반지하 상가가 하나 만들어지면 주변 빌라, 다세대 주택의 반지하도 하나둘 상가로 변하면서 상권이 더 확장되고 주변 임대료도 오르게 되지요.

자, 그러면 이럴 경우 과연 어디를 사야 할까요? 당연히 상권이 확장되다가 빌라 때문에 더이상 뻗어가지 못하는 지점, 그곳에 있는 빌라의 반지하를 사야겠지요. 구분상가를 사는 것보다는 수고스럽지만 비슷한 투자 규모로 훨씬 높은 수익률에 시세차익도 기대할 수 있으니 관심 갖고 해볼 만하죠. 물론 투자하기 전에 상가로의 용도 변경이 가능한지 등은 개별 물건별로 꼼꼼히 살펴봐야 하고요.

만일 반지하가 있는 오래된 다세대/다가구 주택 한 개 동을 갖고 있다고 해봐요. 주택이 노후화돼 월세도 계속 떨어지고 있었는데 갑자기 주변 상권이 좋아지기 시작하더니 내 빌라 주변까지 상권이 확장됐어요. 이때 상권 확장 속도가 빠르다면 빌라 전체를 상가로 리모델링해서 상가로 임대할 수 있겠지요. 대표적인 곳이 연남동이에요. 반대로 상권이 확장되는 건 확실한데 상층부까지 들어올 업종이 아직은 많지 않다면 일단 반지하만 상가로 바꿀 수 있어요. 한남동에 이런 곳들이 많지요. 세림 님도 잘 생각해봐요. 본인이 다니던 보세 옷가게나 카페 중 이런 곳들이 분명히 있을 거예요.

카페를 보면 상권이 보인다

어쩜 그렇게 족집게같이 아세요? 제 단골 옷가게도 네일숍도 그러고 보니 모두 반지하예요. 처음에는 여기에 이런 게 다 생겼네 했었는데, 주변 반지하들도 상가로 점점 바뀌고, 몇몇 건물은 아예 신축을 하더라고요. 카페를 시작하면서 쉬는 날에는 부동산 수업 준비도 있고 피곤하기도 해서 밖에 나가지 않았는데, 앞으로는 다시 여기저기 좀 돌아다녀야겠어요. 그래야 상권이 어떻게 확장되고 있는지, 어디에서 멈추는지, 거기서 더 확장될 여지가 있는지 알 수 있잖아요. 그런데 몇 번 가봤던 상권은 어디가 메인스트리트인지 알겠는데, 처음 가보는 상권은 어디부터 보는 게 좋아요?

경제력은 4050세대가 더 있지만, 감각은 2030이 더 좋죠. 밖에 자주 나가 돈을 더 쓰는 쪽도 2030이고요. 세림 님이 친구들과 자주 가는 곳, 일부러 찾아가는 곳, 핫플이어서 가는 곳 중 지하철역 접근성이 좋다면 그런 곳이 뜨는 곳일 거예요. 그냥 놀러 다닐 때와 부동산에 대한 기본 지식과 관심이 있는 상태에서 다닐 때는 눈에 보이는 것이 전혀 다르고, 생각하는 것도 달라질 거예요. 그러니 많이 놀러 다니고 보고 즐기세요. 공부로 쌓은 지식 위에 다양한 경험이 차곡차곡 더해지면 나중에 큰 자산이 될 겁니다.

처음 가보는 상권이라면 상권보고서를 검색해서 읽고 가

는 것도 도움이 돼요. 다만 상권보고서는 업데이트가 잘 안 돼서 상권의 현 상황보다는 대략적인 상권의 범위, 블록별 특징 및 역사 등을 아는 데 참고하는 정도로 활용하면 돼요. 정리가 잘된 최신 블로그를 읽는 것도 괜찮고요. 가장 좋은 건 내 발과 눈으로 직접 느끼는 건데, 그러려면 어디가 상권 내 메인스트리트인지 정도는 알고 가야겠지요. 발품 팔아 상권을 둘러보면서 막상 핵심을 못 보고 오면 헛수고니까요. 저는 그럴 때 지도 앱을 켜고 주변 카페를 검색해요. 그러면 인근 카페가 점으로 쫙 표시되죠. 요새는 카페 없는 곳이 없지만, 이렇게 검색해보면 상권 내 메인스트리트를 중심으로 카페를 표시한 점들이 이어져요. 이곳을 중심으로 돌아다니면서 보면 효율적이죠. 상권 내 어느 블록이 더 활성화돼 있는지, 블록 내의 메인스트리트는 어디인지, 아니면 특별한 메인스트리트 없이 블록이 전반적으로 다 활성화돼 있는지 알 수 있어요.

사람들이 많이 다니거나 다닐 만한 곳에 카페가 생기고, 멋진 카페가 많으면 사람들이 더 몰릴 테니 카페 밀집도가 높은 곳을 이으면 유동인구의 주요 동선도 알 수 있겠군요. 이렇게 카페가 많은데 또 카페가 생기는 걸 보면 우리나라 사람들은 정말 커피 좋아하는 것 같아요. 저도 앞으로 뭐 할까 생각하면 1순위가 카페였으니까요. 제가 차리지는 않았지만 대표님 덕분에 카페를 운영하고 있고요.

오히려 제가 고맙죠. 덕분에 카페에 신경쓰지 않고 제 본업에만 집중할 수 있고. 동네 사랑방 정도만 돼도 좋겠다고 생각했는데 세림 님 덕분에 동네 사람들은 물론이고 반려견들의 핫플까지 됐잖아요. 우리나라의 카페 문화는 놀랄 만해요. 유럽과 같은 광장 문화가 없어서 그 대신 카페에서 만나기 때문인 것 같기도 하고, 느긋하게 식사하며 대화하는 문화가 아니다 보니 수다 떨려면 밥은 후다닥 빨리 먹고 카페를 찾을 수밖에 없어서 그런 것 같기도 하고. 최근에는 술 마시고 카페를 찾는 사람들도 많아져서 밤 장사까지 잘된다고 하죠.

세림 님이 카페를 계속 맡아서 해주면 너무 고맙지만, 혹시 부동산 일을 해보고 싶으면 언제든 편하게 얘기해요. 자격증도 있고 감각도 좋고, 부동산에 대한 관심도 많고 이해도 빠르고, 무엇보다 정리를 잘하니 부동산 일도 잘할 거예요. 정리한 내용을 상대방이 이해하기 쉽도록 조리 있게 말하는 능력도 중요하거든요. 벌써 다음 주가 마지막 수업이네요. 다음 주는 주제를 정하지 않고 프리토킹하는 거 어때요?

세림은 기분이 좋았다. 술기운 때문인지 공 대표의 인정 때문인지 모르겠다. 둘 다겠지. 기운이 오른 세림은 2차를 가자고 했다. 매번 정해진 시간에 칼같이 일어서던 공 대표였는데 오늘은 달랐다. 마침 가까운 곳에 좋은 LP바 가 있다고 했다. 식당을 나와 걸었다. 밤이 되니 초저녁 때 와 달리 거리에도 사람이 많았다. 신장개업한 곳인지 축 하 화환이 줄지어 선 곳을 지나 지하에 있는 LP바에 도착 했다. 세림의 머릿속 LP바는 벽면에 LP가 빼곡히 꽂힌 좁 은 공간이었는데, 막상 들어가 보니 꽤 넓고 사람도 많아 서 깜짝 놀랐다. 공 대표는 손님이 많지 않던 곳인데 이렇 게 많아진 것만 봐도 확실히 상권이 좋아진 게 느껴진다 고 했다.

　가볍게 한잔 하고 돌아가는 길, 세림의 머릿속에 공 대표의 제안이 다시 떠올랐다. 그냥 공부하며 하나하나 알아가는 건 재미있는데, 과연 직업으로도 잘할 수 있을 까? 머리 잘 돌아갈 때 보험 삼아 자격증을 따두었을 뿐 당장 부동산 일을 할 생각은 없었다. 공 대표의 제안에 마 음이 흔들렸던 자신이 왠지 낯설게 느껴졌다. 카페는 잘 되고 있었다. 들락날락했던 직원들도 이제는 잘 세팅돼 운영도 별로 어렵지 않았다. 술기운에 덜컥 결정할 일이 아니었다. 오늘은 일단 푹 자고, 천천히 생각해봐야겠다. 하기로 마음먹으면 부모님도 설득해야 하는데….

카페 공화국 √Point

1. 글로벌 브랜드일수록 매장의 개수나 접근성이 아닌 '체험형 대형 매장'에 집중하기 시작했다.

2. 이렇게 매장수가 줄어들면 '지역상권' 내 대로변이나 메인스트리트에 공실이 발생하고, 장기 공실로 이어질 가능성이 크다.

3. 대로변 빌딩에 집착하지 말고, 견고한 이면상권 내 중소형 빌딩에 관심을 가져야 한다.

4. 최근에 '플래그십 스토어'나 '팝업스토어'가 어디에 많이 생기고 있는지 살펴보자.

5. 광역상권, 지역상권, 근린상권 등 상권의 위계를 이해하고 접근하자.

6. 젊은 예술가와 셰프들이 모이기 시작하는 지하철역 가까운 상권이 뜬다.

7. 이런 곳을 빠르게 캐치하고 찾아가 즐기는 2030세대의 움직임을 읽어야 한다.

8. '역세권+오피스 상권+상권만의 매력'이 있는 곳이 안정적이다.

9. 상권이 확장되다가 빌라나 다세대주택 때문에 더이상 뻗어나가지 못하는 바로 그곳에 있는 반지하 다세대에 투자의 기회가 있다.

10. 모르는 상권, 처음 가는 상권의 메인스트리트를 찾을 때는 카페의 밀집도를 참조하면 좋다.

9장

로망 공화국

공 대표의 지방 출장으로 수업은 한 주 연기되었다. 최근 부동산 경기가 좋지 않아 거래도 거의 없다고 하던데 공 대표는 항상 바쁜 듯했다. 세림은 지난 수업 메모를 읽으며 중요하다고 생각한 것들을 10개씩 뽑아 체크포인트로 정리했다. 수업일 옆에 제목도 달아봤다. 통일성을 살려 'ㅇㅇ 공화국'으로.

공 대표가 출장으로 자리를 비운 날, 세림의 제안으로 최 이사, 민 실장과 저녁 번개를 했다. 퇴근 시간이 제각각이라 셋이 저녁을 함께한 것은 이번이 처음이었다. 짐작했던 대로 찾아오는 고객도 거래도 적어서 최근에는 한가하다고 했다. 거래가 없으면 성과급도 없어 힘들지 않냐고 물으니, 여기는 기본급이 높은 편이라 괜찮다고 한다. 둘의 기본급과 성과급 분배율은 달랐지만, 그 정도 기본급을 자기도 받을 수 있다면 부동산 일을 여기서 시작해보는 것도 나쁘지 않겠다는 생각이 들었다.

로망 공화국

투자를 잘하려면 좋지 않은 투자부터 배제하는 게 중요할 것 같아요. 성공 가능성이 낮은 상가분양 투자도 있고, 기획부동산처럼 쳐다보지 말아야 하는 것도 있고요. 토지 투자를 하더라도 공유지분 투자는 피해야 하고요. 그 외에 또 어떤 걸 피하면 좋을까요?

주택 중에는 전원주택을, 아파트 중에는 지역주택조합아파트를, 분양 상품 중에는 분양형 호텔을 피하는 게 좋아요.

활성화 어려운 전원주택단지

전원주택도요? 안 그래도 대표님께 여쭤보려고 했는데, 아버지가 최근에 퇴직하시면서 전원주택에 꽂히셨거든요. 어머니가 반대하시는데도 전원주택에 사는 친구 집에 다녀오신 후로 뜻을 굽히지 않으세요. 저도 반대 입장이고, 부모님이 전원주택으로 정말 가시면 저는 이참에 독립하려고요.

요즘처럼 봄바람이 살랑살랑 불기 시작하면 전원주택에 대한 로망이 더 커지지요. 초기 전원주택은 농촌으로 들어가 원주민들과 어울려 사는 형태였어요. 하지만 원주민과의 이질감 등으로 지역에 스며들지 못하면서 성공하지 못했지요. 이후 도시 접근성이 양호한 전원주택단지를 만들어 모여 사는 형태로 진화했어요. 이런 전원주택단지는 대부분 집을 지어서 분양하기보다는 집을 지을 수 있는 토지를 분양해요.

전원주택부지는 토지 분양 형태에 따라 크게 4가지로 나눌 수 있어요. 첫째, 집을 지어 바로 생활할 수 있게 도로 등 기반시설을 모두 갖춘 부지. 둘째, 도로 등 기반시설 공사는 돼 있지 않지만 전원주택필지와 도로필지가 따로 나뉘어 있어 도로 확보가 가능한 부지. 셋째, 바둑판식으로 필지를 분할하고 도로필지를 따로 정하지 않은 부지. 넷째, 필지도 분할하지 않고 지분을 공유하는 방식의 부지. 향후 전원주택을 지어 정말 거주할 생각이라면 첫 번째와 두 번째처럼 반드시 도로가 확보돼 있고 바로 집을 짓는 데 어떠한 문제도 없는 토지를 매입해야겠죠. 도로가 확보되지 않아 혼자만의 의사결정으로 집을 짓기 어려운 토지는 절대 매입하면 안 돼요.

도로가 이미 확보됐거나 확보 가능해 집 짓는 데 무리가 없는 전원주택단지에는 위험 요인이 없을까요? 우선 이러한 전원주택단지 내 필지를 분양받은 이들이 정말 그곳에 살 사람들인지가 중요해요. 거주 니즈가 있는 이들도 있지만, 토지를 비싸게 되팔고 나오겠다는 단순 투자자가 과반수인 경우도 많거든요. 즉 전원주택단지 내 필지 분양이 100% 성공했다 해도, 단지 내에 주택들이 100% 지어지는 경우는 거의 없다는 뜻이에요. 내가 정성들여 아름답게 지은 전원주택 바로 옆에 짓다 만 집들이 흉물스럽게 버티고 있거나 오랫동안 방치돼 잡초만 무성한 경우가 무척 많아요. 이렇듯 전원주택단지는 태생적으로 활성화되기가 매우 어려워요.

듣고 보니 아버지가 보여준 전원주택도 꽤 근사해 보였는데, 정원 앞으로 펼쳐진 마을 풍경은 여전히 공터도 많고 뭔가 휑한 느낌이었어요. 아버지는 단지가 조성된 지 얼마 안 돼서 그렇다고 하셨는데, 제가 확인해보니 친구분 집이 지어진 지 벌써 5년이 넘었더라고요.

　　단지 활성화가 잘 안 되는 것도 문제지만, 외곽에 거주하는 불편함도 무시할 수 없어요. 전원생활에 로망이 있는 분들은 대부분 아버지처럼 20~30년 이상 도시에서 생활했을 거예요. 어릴 적 추억도 그립고, 갑갑한 도시생활에서 벗어나면 숨통이 트일 것 같아 전원생활을 꿈꾸는 거죠. 하지만 도시생활을 오래 하면서 몸도 마음도 도시에 완벽하게 적응한 터라 전원생활에 다시 적응하는 게 결코 쉽지 않아요. 도시 접근성이 양호하다 해도 친구 등 기존 네트워크를 유지하기 위해 매번 장거리를 움직여야 하는 것도 피곤한 일이죠. 노년의 건강관리에 필요한 의료·복지·체육시설 등도 도시에 주로 있고, 문화·쇼핑 등 편의시설도 집에서 멀어요. 최소한의 인프라 구축도 제대로 안 된 전원주택 생활은 기대만큼 평온하고 즐겁지 않을 가능성이 커요.

　　　　　　　　　　　부동산 공화국 생존지식

그럼에도 전원주택에 대한 로망은 여전하죠. 은퇴 후 유유자적한 전원생활을 꿈꾸는 베이비부머가 많거든요. 몇 년 전부터 베이비붐 세대의 은퇴가 본격화되고 있어 전원주택 수요가 더 증가할 테니 전원주택 가격도 오를 거라고 업자들이 부추기기도 하고요.

우리보다 먼저 이 단계를 거친 나라가 있어요. 바로 일본이에요. 우리나라의 베이비붐 세대에 해당하는 일본의 단카이 세대는 2007년부터 은퇴를 시작했어요. 당시 많은 인구가 은퇴해 일시에 도쿄를 떠나면 도시가 공동화되는 것 아니냐는 우려도 컸어요. 하지만 설문조사를 해보니 단카이 세대의 65% 이상이 도쿄 도심부나 대도시 근교에 살기를 희망했어요. 다른 세대와 큰 차이가 나지 않는 수치였고, 실제로 도쿄 공동화는 기우로 끝났지요. 오히려 도쿄와 먼 지역의 빈집 증가가 문제가 됐어요.

정 살아보고 싶다면 먼저 전세로 2년만

그 부분이 어머니가 가장 우려하는 점이에요. 아버지와 달리 어머니는 동네 분들과 교류가 많으시거든요. 서울 근교라 해도 차가 막히지 않을 때 서울 진입까지 한 시간 정도 걸려요. 서로 생각하는

227   로망 공화국

바도 다르고 아버지 고집도 워낙 세서 요새 두 분 다툼이 잦아졌어요. 얼른 결론이 났으면 좋겠어요.

아버지가 봐두신 전원주택이나 전원주택부지 정보가 있으면 알려줘요. 제가 먼저 검토해보고, 부모님 괜찮으실 때 두 분 모시고 현장에 가서 말씀 나눠볼게요. 부부가 모두 전원에 대한 로망을 안고 떠났어도 몇 년 살다가 다시 돌아오기 일쑤예요. 전원주택을 멋지게 지었는데 막상 살아보니 너무 불편하고 적적한 거죠. 전원주택을 팔려고 해도 잘 팔리지 않자 전세라도 싸게 주고 빨리 빠져나오려는 분들도 많이 봤어요. 이런 집에 전세로 살아보면서 꿈꿔왔던 전원생활이 정말 나와 잘 맞는지 체험해보는 것도 방법이에요. 잘 맞지 않으면 쉽게 돌아올 수 있고, 잘 맞으면 그때 그 집을 사도 2년 전보다 싸게 살 수 있어요.

전원주택에 대한 로망 때문이 아닌, 노후자금 마련을 위해 전원생활을 생각하는 분들도 있어요. 아파트를 팔고 그 돈으로 전원에 살면서 남은 돈은 노후자금에 보태는 거죠. 충분히 검토해볼 수 있지만, 내 집이 있고 그 집이 주택연금에 가입 가능하다면 주택연금 가입을 먼저 생각해보는 게 좋지 않을까 해요. 주택연금은 국민연금과 달리 물가상승률이 반영되지 않아요. 가입 시점의 주택가격과 부부 중 나이가 어린 사람의 만나이를 기준으로 매달 받는 연금액이 고정되지요. 그러니 주

부동산 공화국 생존지식

택가격이 높을 때, 연소자의 생일이 곧 돌아온다면 생일이 지난 후 가입해서 매달 받는 연금액을 높이는 게 좋아요.

입주율 너무 낮은 지역주택조합아파트

정말이요? 대표님, 꼭 부탁드려요. 제가 대표님 카페에서 일하며 부모님 용돈도 드리고, 대표님께 많이 배운다고 평소에 자주 얘기해서 아버지도 대표님 말씀은 귀담아들으실지 몰라요. 아버지의 전원주택 문제는 그렇게 해결되면 좋겠고, 아파트 중에서는 지역주택조합아파트를 피하라고 하셨잖아요. 지역주택조합아파트는 주변 아파트보다 저렴하니 좋은 것 아닌가요? 가까운 대학 동기도 아파트 청약에 계속 떨어진다면서 지역주택조합아파트를 알아보고 있던데요.

아파트 가격 상승기에는 가격이 너무 올라 선뜻 매입하기가 어렵지요. 자금이 부족할 수도 있고요. 그럴 때일수록 주변 시세보다 낮은 가격에 분양한다는 지역주택조합아파트에 눈길이 가기 마련이에요. 그래서 지역주택조합아파트는 가격 상승기에 주로 많이 나와요. 가격 하락기에는 어차피 아파트 매매가 잘 안 되고, 분양아파트도 미분양 고민에 빠져 있는데 몇 푼 싸다고 지역주택조합아파트에 투자하는 사람은 없을 테니까요.

　지역주택조합의 역사는 제법 오래됐어요. 1977년에 '주택건설촉진법'에 따라 무주택자이거나 전용면적 85㎡ 이하 1주택 소유자들이 조합을 구성해 주택을 건설하는 게 가능해지면서 시작됐지요. 1990년대 말 이후 뉴타운·재개발·재건축 등 대규모 정비사업에 밀려 지역주택조합아파트의 인기가 시들해졌는데, 그 뒤 2013~21년의 아파트 가격 상승기에 지역주택조합아파트 물량이 다시 쏟아지기 시작했어요. 입지적으로 큰 차이가 없는 곳에 일반분양아파트보다 20% 이상 저렴하게 공급될 예정이라는 지역주택조합아파트에 관심이 가는 게 결코 이상한 일은 아니죠.

지역주택조합아파트가 일반분양아파트보다 왜 저렴하죠? 토지비와 건축비에는 큰 차이가 없을 텐데요.

　지역주택조합아파트는 일종의 아파트 공동구매라 할 수 있어요. 지역 거주자들이 모여 아파트를 공동으로 짓기 위해 주택조합을 만드는 거죠. 그리고 건축계획을 세워 행정기관의 승인을 받고 아파트를 짓는 구조예요. 조합이 선정한 아파트 건설사 입장에서는 분양 물건이 아니니 분양마진을 챙기지는 못하지만, 대신 미분양 리스크도 없어요.

　분양아파트의 분양가격은 크게 「토지원가+건축원가(시

지역주택조합 사업 추진 절차

조합추진위원회 구성
최소 20명

조합규약작성 · 조합원 모집
전체 공급 가구수의 50% 이상

조합창립총회 · 조합설립 신청, 인가
주택건설 대지 80% 이상 토지사용승낙서 확보

주택건설 사업계획 승인
조합인가일로부터 2년 내 신청, 95% 이상 토지소유권 보유

착공 · 남은 물량 일반분양
일반분양 20가구 이상 시 일반청약 거쳐야 함

입주

로망 공화국

공마진)+분양마진+마케팅비용+금융비용」 등으로 구성돼요. 반면 지역주택조합아파트는 분양마진을 줄이는 데다 모델하우스 건축 및 광고·홍보 등 마케팅비용도 크게 줄고, 금융비용도 적게 들어가 일반분양아파트에 비해 가격 경쟁력을 갖출 수 있어요.

단, 구조적으로 볼 때 그렇다는 거예요. 실제 사업 진행은 무수히 많은 난관을 헤쳐가야만 해요. 지역주택조합아파트는 「20명 이상이 모여 조합추진위원회를 구성한 후 → 조합원 모집 → 조합설립 신청 및 인가 → 주택건설 사업계획 승인 → 착공·남은 물량 일반분양 → 입주」로 완료돼요. 그런데 실제로는 주택건설 대지 80% 이상의 토지사용승낙서를 확보하지 못하거나, 조합인가를 받은 날로부터 2년 내에 95%의 토지소유권 보유를 하지 못해 사업이 좌초되거나 중단되는 경우가 너무 많아요. 조합설립인가까지 받은 사업장 중에서 실제 입주가 완료된 경우는 2004~21년 18년간 17% 정도밖에 안 돼요. 나머지 83%는 큰돈이 기약 없이 묶이면서 스트레스도 엄청났겠지요. 실제 사업이 진행된다고 해도 처음에 얘기했던 싼 가격, 착한 분양가는 온데간데없이 추가분담금을 계속 요구하는 사업장도 많고요.

그림의 떡 or 싼 게 비지떡

입주율이 낮은 건 알았지만 이렇게 낮은 줄은 몰랐네요. 가격 메리트와 사업자의 말을 믿고 투자한 건데 약속한 대로 사업 진행도 되지 않고 추가분담금까지 발생해 부담이 더 올라갈 수 있다니 친구에게 얼른 전화해야겠어요. 사업이 그렇게까지 진척되지 않는 이유는 뭐죠? 지역주택조합아파트 사기를 다룬 르포를 본 적이 있긴 하지만, 모든 사업장이 사기는 아닐 텐데요.

아파트라는 상품 특성상 일반 물건을 공동구매하듯 '이 물건 싸게 살 사람' 하고 사람만 모은다고 끝나지 않아요. 사업에 참여하는 조합원을 일정 비율(전체 공급 가구수의 50%) 이상 모아야 하는데, 이때부터는 조합에서 직접 진행하기 어려워 일반적으로 대행사를 써요. 그리고 건축도 직접 할 수 없으니 시공사도 선정해야 하죠. 대행사가 주택건설 대지 80% 이상의 토지사용승낙서를 확보해 조합설립인가를 받았다 해도, 토지주들의 마음이 바뀌어 땅을 팔지 않거나 비싸게 팔겠다고 버티면 사업이 계획대로 되기 어렵겠지요. 95% 이상의 토지를 확보해야 나머지 토지에 대한 강제 수용도 가능한데, 이 95%를 확보하기가 무척 어려워요. 이러한 사업 불확실성은 고스란히 조합원 개개인의 부담으로 남아요. 대행사나 시공 예정사 누구에게도 책임을 물을 수 없는 구조죠.

로망 공화국

투자금이 장기간 묶이는 투자 리스크는 지역주택조합아파트에만 국한된 건 아니에요. 뉴타운·재개발·재건축 등 모든 정비사업은 결국 시간 싸움이고, 금방 될 것 같던 사업이 10년이 지나도 감감무소식인 경우는 얼마든지 있어요. 한남뉴타운만 해도 2003년에 뉴타운으로 지정됐는데, 그중 사업 속도가 가장 빠른 한남3구역도 무려 20년이 지난 2022년까지 관리처분인가가 되지 못했어요. 이처럼 돈은 이미 지불했지만 떡(신축 아파트)은 맛도 못 보고 오랫동안 젓가락만 빠는 경우가 무척이나 많아요. 그래도 블록 단위로 추진하는 대규모 정비사업은 일단 사업이 진행되면 주변 환경이 전반적으로 크게 개선되면서 오래 기다린 보람을 느낄 수 있어요. 맛집 문밖에서 선불까지 하고 한참 동안 줄 서서 기다리느라 짜증 났는데, 나온 음식이 너무 맛있어서 그동안의 기다림이 모두 용서되는 느낌이라고 할까요.

지역주택조합아파트의 상황은 많이 달라요. 규모가 작아서 사업이 좌초되기라도 하면 거주민이나 조합원 간에 사이도 안 좋아지고, 몇몇 사람들은 몸도 마음도 떠나고, 대행사와 시공사도 떠나 그야말로 낙동강 오리알 신세가 되기 일쑤죠. 결국 사람들의 관심에서 멀어지고, 아파트 가격이 다시 급등할 때까지 무작정 기다려야 해요.

지역주택조합아파트는 일반적으로 규모도 작고, 앞에서

말한 대로 미분양 리스크를 시공사가 안고 가지도 않아요. 처음 조합원 모집 홍보 때 얘기했던 대기업 시공사가 아니라 영세한 곳으로 변경되는 경우도 다반사고요. 이렇게 아파트 브랜드가 교체되면 브랜드가치가 떨어지는 문제도 있지만 더 심각한 문제는 품질 수준이 낮아진다는 거예요. 일반분양아파트는 브랜드 이미지는 물론이고 분양에 성공하기 위해 아파트 품질에 꽤 신경을 쓰지요. 그래도 하자가 많지만…. 이런 이유로 입주 후에도 일반분양아파트와의 가격 격차가 유지되는 경우가 많아요. 오래오래 기다린 음식이 드디어 나왔는데 그 맛이 기다려서까지 먹을 수준은 아니었다고 할까요?

　　사업 진행만 계획대로 되고 과도한 추가분담금만 요구하지 않는다면 지역주택조합아파트가 주장하는 가격 메리트는 분명히 있어요. 하지만 부동산개발 상품은 다른 일반 상품과 달리 큰돈이 들어가고 환불이 어려운 만큼 투자 시에 신중에 신중을 기해 접근해야 해요.

지역주택조합아파트는 사업이 좌초될 가능성이 높아 먹지도 못하는 '그림의 떡'이 되든가, 사업이 진행돼도 브랜드나 품질 등이 낮아 '싼 게 비지떡'이 될 수 있다는 거네요.

분양형 호텔은 관리도 알아서, 수익도 꼬박꼬박?

분양 상품 중에는 분양형 호텔 투자가 위험하다고 하셨잖아요. 분양받으면 일정 기간 동안 확정수익을 보장해준다고 홍보하는 서비스드 레지던스(Serviced Residence)나 분양형 호텔이 많던데, 분양상가처럼 초기 공실 리스크도 없고 관리 이슈도 없으니 괜찮지 않나요?

분양형 호텔도 금리가 높고 경기가 좋지 않을 때보다는 금리가 낮고 부동산 경기가 좋을 때 더 많이 분양해요. 즉 금리가 낮고 기대수익률도 떨어져 있을 때, 마땅한 소액 투자처를 찾지 못한 사람들이나 낮은 금리에 만족하지 못하는 개인들, 매달 안정적인 임대수익을 원하는 투자자들에게 유혹의 손길을 뻗치는 거죠. 세림 님 말대로 대부분의 분양형 호텔은 수분양자들에게 약정한 수익률을 일정 기간 보장해준다고 홍보해요. 예를 들어 '5년간 확정수익 6% 보장, 대출받을 경우 자기자본수익률 10%가 나오는 안정적인 상품으로, 회사 보유분 특별분양 중'이라는 식이죠.

중요한 건 분양 홍보 때 약정했던 수익률이 정말 보장되느냐예요. 보장만 된다면야 약정기간이 끝나는 5년 후의 가치 상승·하락 여부를 떠나 일단 투자는 검토해볼 수 있겠죠. 하지만 약정한 수익률만 철석같이 믿고 투자했는데 그만큼 수익이

부동산 공화국 생존지식

나지 않는다면 투자할 이유가 없죠. 분양 때 말한 확정수익을 약정기간 동안 계속 제공하는 분양형 호텔이 많지 않아요.

왜 그렇죠? 계약 위반이니 수많은 수분양자들이 가만있지 않을 것 같은데요.

분양계약서 어딘가에는 깨알 같은 글씨로, 대외경기 등의 변수에 따른 호텔 운용상의 어려움이 발생할 경우 약정수익을 제공하지 못할 수 있다는 조항이 있을 거예요. 그러니 계약 위반은 아니라고 발뺌할 테고요.

호텔이 성공적으로 경영되려면 입지, 브랜드, 오퍼레이팅의 삼박자에 부족함이 없어야 해요. 입지와 호텔 브랜드는 분양받을 때 어느 정도 확인할 수 있지만 오퍼레이팅, 즉 효율적이고 전문적인 호텔 운영 능력을 확인하기란 쉽지 않아요. 준공된 분양형 호텔이 투명하게 '운영(operating)'되는 것 자체도 어려울뿐더러, 호텔 운영과 회계 등이 투명한지를 수분양자가 '확인'하기도 거의 불가능하죠. 그런 점에서 분양형 호텔에 투자하는 것은 부동산 투자라기보다는 호텔 비즈니스에 투자하는 것이며, 궁극적으로는 그 호텔을 운용하는 업체를 전적으로 신뢰하고 투자하는 것이라고도 할 수 있어요.

그래도 일단 준공되고 나면, 호텔의 성공적 운영 여부와 관계없이 1~2년은 약정수익이 잘 지급돼요. 분양 대금으로 받아둔 돈도 있으니 설령 운용수익이 부족해도 수익 분배는 가능한 거죠. 그러다 3년 차 정도 접어들면 여러 이유를 대면서 약정수익 지급이 어렵다, 활성화하기 위해 최대한 노력하고 있다고 말하며 분배금이 줄어듭니다. 몇몇 수분양자들이 강하게 항의하겠지만, 결국은 제풀에 지쳐 조금이라도 수익이 나오는 게 어디냐는 식으로 체념하는 단계로 넘어가요.

보장기간이 종료되면 다달이 들어오는 월수입은 더 줄어들 가능성이 크지요. 시간이 지날수록 노후화되는 시설의 관리비용도 커지고요. 적어도 10년에 한 번 정도는 퍼니처 등 내부시설 리뉴얼도 해줘야 경쟁력을 유지할 수 있거든요. 즉 약속한 기간 동안 약정한 월수입이 보장된다 하더라도, 보장기간이 지나면 월수입은 점점 낮아질 가능성이 커요. 월수입이 줄어들면 투자수익률도 당연히 낮아지고 자산가치가 떨어질 뿐 아니라, 매물호가보다 엄청 싼 가격이 아니면 팔기도 어려워집니다.

약정수익 나올 때 떠나라

확정수익이 약정한 기간에도 지켜지지 않을 가능성이 있다, 지켜진다고 해도 약정기간이 지나면 월수익금이 떨어져 가치가 낮아지고 팔기도 어려워진다는 거네요. 안 그래도 재작년인가에 친구 부모님이 투자하신 분양형 호텔의 무료 숙박권이 있어서 친구랑 갔다 왔는데, 경치도 좋고 1년에 7일씩 무료 숙박권도 나오고, 신경쓰지 않아도 매달 돈이 들어온다니 너무 좋다고 생각했거든요. 그런데 얼마 전에 친구에게 연락이 왔어요. 월 150만 원 하던 수익금이 언젠가부터 100만 원 정도로 줄었는데 어떻게 해야 하냐고 묻던데요.

아… 이미 준공돼 운용되다가 월수익금마저 떨어지기 시작했다면 방법을 찾기 어려워요. 분양가보다 많이 싸게 팔아야 하는데 그마저도 쉽지 않지요. 분양형 호텔 중에도 입지, 업체의 신뢰도, 분양가격 등에 따라 투자성 있는 게 있지만 그럴 확률이 너무 낮아요. 그래서 약정수익을 제시하는 분양형 호텔은 처음부터 쳐다보지 않는 게 좋다는 거죠. 가계약금만 걸어둔 상태라면 계약을 취소하고 가계약금을 환불받거나, 환불 불가 조건이었고 그 금액도 크지 않다면 가계약금을 과감하게 포기하는 것까지 생각해봐야 해요.

이미 계약금 또는 중도금이 들어가 있다면, 다른 사람에게 분양권을 팔고 나오면 가장 좋지요. 하지만 미분양 물건도 많이 쌓여 있는 마당에 내 물건을 받아줄 사람 찾기가 쉬울까요. 이럴 때는 준공 후 약정한 월수입이 꼬박꼬박 잘 나오는 입주 초기에 미련 없이 팔고 나오는 전략을 취해야 해요. 그나마 업체에서 약정했던 수익이 잘 나오고 있을 때는 그 수익을 보고 들어오는 투자자가 간혹 있거든요. 시간이 더 지나서 월수익금이 줄어들기 시작하면 더 싼 가격에도 매각이 힘들어져요. 사는 사람 입장에서는 분양가 대비 싸서 좋은 물건이 아니라, 자산가치가 떨어지는 물건이라 생각하거든요. 매달 들어오는 수익도 더 적어질 수 있다고 예상하고요. 안타깝지만 분양가 대비 크게 낮은 가격에 손절하고 나오든가, 아니면 계속 갖고 가는 수밖에 없다고 친구에게 전해주세요.

결론을 미리 정하고 판단하지 마라

대표님이 피하라고 하신 것들이 하나같이 제 주변에서 이미 했거나 하려는 것들이네요. 듣고 보니 모두 사람들의 로망을 파고든 것 같아요. 전원주택에 살고 싶은 도시인의 로망, 시세보다 싼 가격에 신축 아파트로 내 집 마련을 하고 싶은 로망, 신경쓰지 않아도 꼬박꼬박 들어오는 월수입에 대한 로망. 대표님 덕분에 부동산 지식도 많이 늘고, 부동산을 보는 안목도 높아졌어요. 부동산에 대한 관심도 다시 생겼고요.

　세림 님은 이해도 빠르고 뭐든 빨리 배우는 스타일 같아요. 커피 잘 내리는 것과 카페 운영을 잘하는 건 전혀 다른 영역인데, 처음 해보는 카페 운영도 너무 잘해주고 있고요. 부동산에도 관심을 갖고 계속 공부해봐요. 수업 중에 좋다고 얘기했던 부동산이라도 시기가 안 좋고 가격이 너무 높다면 당연히 피해야 하겠지요. 반대로 하지 말라고 말렸던 것이라도 가격이 시세 대비 많이 싸고 흐름을 잘 타고 있다면 좋을 수도 있고요. 그러니 결론을 미리 정하고 접근하기보다는 부동산 유형마다 갖고 있는 특성을 이해한 상태에서 개별 입지와 투자가치를 분석하고, 경제동향 및 부동산 시황 등도 감안해서 현명한 의사결정을 해야 해요.

수업을 마치며 세림은 이 정도면 어느 정도 공부한 거냐고 물었다. 공 대표는 걸음마는 뗀 수준이라 했다. 걸음마도 못 뗀 사람들이 대부분이니 실망할 필요 없고, 오히려 걸음마를 뗀 것만으로도 대단하다고, 이 정도면 적어도 쉽게 현혹되지는 않을 수 있다고 했다. 그리고 일단 걸음마를 떼면 스스로 걷고 속도를 높이고 달릴 수 있듯이, 계속 공부하며 다양한 경험을 쌓으면 능력이 있으니 빠르게 성장할 것이라는 덕담을 해줬다.

세림은 집으로 향하며 대학 친구 민지에게 전화를 걸었다. 민지는 여전히 지역주택조합아파트에 관심이 많았다. 다행히 아직 계약은 하지 않았다고 한다. 오늘 들은 얘기를 해주면서 리스크가 너무 크니 급하게 계약하지는 말고 사업명, 사업지 주소, 예상 분양가 등의 정보를 보내달라고 했다. 무조건 하지 말라고 하기보다는 공 대표 말대로 스스로 한번 분석해보고 얘기해주고 싶었다. 분석한 내용을 토대로 공 대표에게 물으면 실전 공부도 될 것 같고. 집에 도착한 세림은 수업 때 쓴 다이어리들을 쭉 훑어 봤다. 그새 다이어리를 3권이나 썼다. 메모한 것들을 복습할 겸, 워드에 타이핑을 하기 시작했다. 시간이 어느덧 자정을 넘겼다.

로망 공화국 √Point

1. 전원주택, 지역주택조합아파트, 분양형 호텔 투자는 피하는 게 좋다.

2. 정말 전원주택을 지어 거주할 생각이라면, 전원주택을 바로 지을 수 있도록 법적, 물리적으로 문제없는 부지를 사야 한다.

3. 전원주택을 멋지게 지어도 단지가 활성화되지 않고 주변 인프라도 부족해 삶의 질이 떨어지기 쉽다.

4. 단지가 활성화되지 않는 이유는 거주 계획 없이 토지 투자 목적으로 전원주택부지를 매입한 사람들이 많기 때문이다.

5. 은퇴자금에 보태기 위해 전원 이주를 고려한다면 '주택연금'이라는 대안을 먼저 검토한 후 결정하면 좋다.

6. 주택연금은 주택가격이 높을 때, 부부 중 연소자의 생일이 얼마 남지 않았다면 생일이 지난 후에 가입해야 다달이 받는 연금액이 올라간다.

7. 전원주택에 살고 싶은 로망을 꼭 이루고 싶다면, 전세로 먼저 살아보고 결정해도 늦지 않다.

8. 지역주택조합아파트는 '그림의 떡'이 되든가, '싼 게 비지떡'이 될 수 있다.

9. 일정 기간 약정수익을 확정해주는 분양형 호텔은 정작 약정수익이 지켜지지 않는 경우가 많다.

10. 약정수익이 지켜진다 해도, 약정기간 후에는 수익 감소, 자산가치 하락으로 이어진다.

생존지식

수다

민지에게 전화가 왔다. 어젯밤에 전화 줘서 고맙다며, 문자로 보낸 사항은 조사하지 않아도 괜찮다고 했다. 어제 전화를 끊고 부모님과 얘기하고 여기저기 알아봤는데 역시 너무 위험한 것 같다고, 먹지 못하는 그림의 떡이 되거나 싼 게 비지떡이라는 세림의 말이 딱 와닿았다고 했다. 곧이어 잡다한 수다가 이어졌다. 카페 매니저로 일한다고 하니 오후에 찾아오겠다며 전화를 끊었다.

날이 좋아서인지 카페 테라스는 반려견과 함께 나와 커피 마시는 사람들로 가득했다. 동네 카페라고 해서 한적할 거라 생각했던 민지는 내심 놀라며 문을 열었다. 민지는 바쁘게 커피를 내리던 세림과 가볍게 눈인사를 나눴다.

"뭐 마실래?"

"나야 항상 아아지. 주말이라 그런가, 엄청 바쁘네."

민지는 하나 남은 빈자리를 힐끗 보며 주문을 했다.

"야, 말도 마라. 평일에도 장난 아니야. 내가 좀 이쁘냐. 얼른 가서 자리 맡아둬, 커피 내려서 바로 갖고 갈게."

민지는 피식 웃으며 빈자리로 향했다. '세림이는 여전히 여자들에게 더 인기네. 대학 때도 그러더니, 카페도 여자 손님이 대부분이네.'

세림은 카페에서 일한 지 벌써 1년이 다 되어간다고 했다. "다들 너 부동산 일 하는 줄 아는데 카페에서 일했구나. 부동산 일 한다고 들어서 나도 지역주택조합아파트가 어떤지 물어본 건데."

커피 맛이 좋다고 생각하며 민지가 말했다. 세림은 지난 1년간 있었던 일을 짧게 들려주었다. 알렉산더와 마실 나왔다가 우연히 들른 이곳에서 카페 일을 하게 됐다고. 본업은 카페 매니저고, 얼마 전부터 부동산 공부도 열심히 한다면서 수업 다이어리를 보여줬다.

세림은 지역주택조합아파트 내용이 적힌 페이지를 펼쳤다. 민지는 학교 다닐 때 필기 잘하기로 유명했던 세림의 노트를 읽어 나갔다. "와, 네가 전화로 얘기한 것보다 훨씬 자세히 적혀 있네. 이런 걸 진즉 알았더라면 처음부터 관심 끊고 시간 낭비도 안 했을 텐데." 민지는 그동안의 고민과 스트레스가 덧없이 느껴졌다.

부동산 공화국 생존지식

그 뒤로도 부동산 관련 얘기는 꼬리에 꼬리를 물고 이어졌다. 인구감소와 주택가격, 정부에서 발표한 부동산 정책의 내용과 의미, 집값이 많이 떨어졌다고 하는데 여전히 너무 비싸다, 집을 꼭 사야 하나 등등.

민지는 다이어리의 다른 내용도 궁금했다. 세림은 지금 메모를 워드에 옮기는 중이어서 다이어리를 빌려주기는 어렵고, 다음에 오면 정리된 출력본을 주겠다고 했다. 오랜만에 친구 얼굴을 보고 신나게 얘기하니 세림도 즐거웠다. 학교 다닐 때는 한 번도 대화에 오르지 않았던 부동산인데, 친구와 부동산으로 이렇게 오래 수다를 떨 수 있다니 신기했다.

반전

카페를 쉬는 수요일에 세림은 부모님을 모시고 전원주택을 보러 갔다. 아버지가 꽂혀 있는 전원주택의 정보는 지난주에 공 대표에게 전달해둔 터였다. '봄에는 전원주택이 더 좋아 보인다'던 공 대표의 말이 생각나는, 따뜻한 봄기운이 몸에 기분 좋게 감겨드는 화창한 오후였다. 차도 올림픽대로에서만 잠시 막힐 뿐 외곽으로 빠지자 시원하게 뚫렸다. 눈 앞에 펼쳐진 탁 트인 풍경에 아버지는 기분이 더 좋아진 듯했다. 집에서 출발한 지 한 시간 조금 지나 현장에 도착했다. 차 밖에 나와 기다리던 공 대표가 부모님과 짧게 인사를 나누고 함께 걷기

생존지식

시작했다.

　30개쯤 되는 필지 중 절반 정도에 전원주택이 멋지게 지어져 있었다. 아버지는 지어진 전원주택이 아닌 빈 땅을 사서 직접 짓고 싶어 했다. 경사로를 걸어 올라가 아버지가 찜해둔 곳에 도착했다. 남향으로 탁 트인 산세가 아름다웠다. 아버지는 왜 이 땅을 선택했는지 눈 앞의 경관을 보며 공 대표에게 설명했다. 누가 옆에서 봤다면 아버지가 부동산 중개인이고 공 대표가 고객이라고 생각했을 것 같다. "와, 풍경이 너무 멋지네요. 정말 좋네요"라며 공 대표가 맞장구를 쳤다. 아버지는 더 신이 나서 40~60평 규모의 주택을 모던 스타일로 짓고, 정원도 잘 가꾸며 건강하게 살고 싶다는 로망을 펼쳤다. 숲속을 계속 주시하던 알렉산더가 갑자기 크게 짖었다. 놀란 꿩 한 마리가 푸드득 하며 숲속에서 튕기듯 날아올랐다.

　자료를 꺼내면서 공 대표의 반격이 시작됐다. 단지 내 필지들은 10년 전에 3.3㎡당 120만 원 내외에 대부분 거래됐고, 지금 나와 있는 가격은 150만 원 선이다. 아버지는 땅값이 싸고, 앞으로 더 오를 것이라고 했다. 그러나 공 대표는 10년 전 땅값과 큰 차이가 없는 이유는 그만큼 가치가 낮기 때문이라 했다. 왜 가치가 낮은가? 찾는 수요는 적은데 전원주택부지를 만들 수 있는 곳은 무수히 많고, 분양되지 못한 필지나 분양은 됐으나 이렇게 빈 땅으로 오래 방치된 곳도 많다고 했다.

공 대표는 주변의 다른 전원주택단지도 가보자고 했다. 공 대표의 차를 따라 5분 정도 이동했다. 경관도 단지 내 입지도 아버지가 꽂혀 있는 물건보다 좋았다. 가격은 더 낮았고 매물도 많았다. 몇 개의 전원주택단지를 더 둘러봤다. 조성된 지 10년이 넘도록 빈 땅으로 방치된 곳들이 많았다. 방치된 땅에는 어김없이 잡초가 뒤엉켜 있었다. 카페에서 공 대표가 얘기했던 것들이 눈 앞에 그대로 펼쳐졌다. 유명 브랜드들이 들어와 있는 상가 이미지를 보고 분양받았지만, 실상은 장기 공실로 오랫동안 고생하는 상가의 모습 같았다. 아름다운 전원주택들이 들어선 조감도를 보고 토지를 매입했지만, 눈 앞의 광경은 10년이 지났어도 여기저기 이가 빠진 모습이었다.

서울 방향으로 차를 돌렸다. 강줄기를 따라 줄지어 있는 카페로 들어갔다. 아버지는 왜 전원주택에 살고 싶은지 얘기하고, 전원주택에 관해 평소 궁금했던 것들을 공 대표에게 모두 쏟아냈다. 수업 때 들었던 얘기도 있었고 처음 듣는 답변도 있었다. 어머니의 표정은 한결 밝아 보였다. 고집 센 아버지의 마음이 바뀌고 있다는 것을 알아채신 듯했다. 어느덧 아버지의 질문은 지금 살고 있는 아파트, 월세 잘 받을 수 있는 상가 투자로 이어졌다.

집으로 향하는 차 안에서 아버지는 전원주택으로 가지 말자고 했다. 아버지의 목소리와 표정에 자기 뜻대로 되지 않았다는 분함이나 아쉬움은 묻어나지 않았다. 오히려 편안함과 후련함이 느껴졌다. 기회다 싶어 세림은 저녁 식탁에서 지나가듯 말을 꺼냈다. "카페 일 그만두고 부동산 일을 본격적으로 해볼까 싶은데 어떨까요?" 예전에 아버지의 반대가 워낙 심했고, 세림도 이 길이 맞는지 아직은 확신하지 못한 채 던져본 말이었다. 아버지는 말없이 세림을 물끄러미 쳐다봤다. 잠시의 정적.

"공 대표 밑에서 일 배우는 거면 해봐." 그리고 아버지는 남은 맥주잔을 비웠다. 세림과 눈이 마주친 어머니가 가볍게 윙크를 해줬다. 반전에 반전이 거듭된 화창한 봄날이었다.

협상

세림은 커피잔을 계속해서 검지로 톡톡 쳤다. 생각에 빠질 때면 나오는 오랜 습관이다. 3년 정도 다닌 회사를 그만둔 후 혼자 여행도 많이 하고 바리스타 자격증, 공인중개사 자격증도 따며 1년을 보냈다. 앞으로 뭘 해야 할까? 뭘 하고 싶지? 이 질문에 스스로 답을 찾지 못하고 있을 때 알렉산더에 이끌려 우연히 들른 곳이 이곳 '부동산 공화국'이었다.

모아둔 돈도 다 떨어져가고, 그냥 뭐든 해보자는 생각에 공 대표에게 꺼낸 제안이었는데 카페 일을 생각보다 오래 했고 즐겁기도 했다. 카페를 책임지고 운영하다 보니 개인 시간은 많이 줄었지만, 인정도 받고 무엇보다 수입이 좋았다. 공 대표의 제안을 받아들여 부동산 일을 하게 되면 당장 이 수입을 포기해야 하는데….

계약을 마친 공 대표가 고객을 배웅하고 카페로 들어왔다. 공 대표가 따아를 주문하자 세림은 갖다드릴 테니 앉아 계시라고 화답했다.

"대표님이 저번에 말씀하신 거, 아직 유효하죠? 제가 부동산 일하는 거요." 공 대표는 입 안에 머금은 커피를 빠르게 넘기고 말했다. "그럼요. 언제든 원할 때 얘기해요."

주저리주저리 세림이 말을 이어갔다. 제안은 고맙지만 정말 잘할 수 있을지 모르겠다, 카페 일이 처음에는 육체적으로 많이 힘들었는데 지금은 자리도 잡았고 배려해주신 덕에 수입도 괜찮다, 부동산 일을 하면 잘할 수 있을까, 안정적인 수입이 가능할까 고민이다.

공 대표는 카페와는 전혀 다른 종류의 스트레스를 받을 수 있다고 말했다. 매일 접객을 하며 수백 잔의 커피를 내주는 것도 쉽지 않지만, 성사될지 알 수 없는 일에 모든 노력을 쏟아야 하고, 다 됐다고 생각한 건도 언제든 틀어질 수 있다고, 그 과정에서 스트레스를 받아 떠나는 사람도 많다고, 그리고 거래 자체가 줄어드는 시기에는 금전적으로 어려울 수도 있다고. 다만 세림이 결심만 선다면 첫 1년간은 카페 연수입을 12

생존지식

로 나눠서 매달 지급할 의향도 있으니 금전적 이유라면 고민하지 말라고 했다.

공 대표의 제안에 세림은 깜짝 놀랐다. 매달 초에 카페 매출, 비용, 수익을 정리해서 보고하니 자기가 얼마 정도 가져가는지 공 대표도 알 텐데, 초짜인 자기에게 그런 연봉을 제안할 줄은 몰랐다. 최 이사, 민 실장과 얘기할 때도 요새 거래가 많지 않다고 들었는데 괜찮은가? 세림은 요새 거래도 잘 안 된다고 하던데 너무 무리하시는 것 아니냐고 물었다. 공 대표는 압구정로데오에서 세림에게 제안했을 때 이미 고정비 이상의 매출이 매달 안정적으로 생기는 구조를 만들어뒀으니 그런 걱정은 하지 않아도 된다고 했다. 그 구조가 뭐냐고 다시 물어보니, 멤버십으로 운영되는 구독경제 시스템이라는 짧고 명확한 대답이 돌아왔다.

중요한 건 세림이 정말 해보고 싶은지 여부이니 천천히 결정해도 된다고 했다. 세림에게 제안했던 이유는, 이해력도 빠르고 능력도 있어 보이지만, 정보를 잘 정리해 친구나 주변 사람들이 현명한 의사결정을 할 수 있도록 돕는 것 자체를 좋아하는 것 같아서라고 했다. 정보수집, 분석, 정리, 전달의 모든 과정을 잘하고, 친구를 돕듯 고객에게 도움이 되는 솔루션을 제안할 수 있는 컨설턴트로서의 능력을 엿봤다며 세림을 치켜세웠다.

생존지식

세림은 3권의 다이어리를 워드로 옮기는 작업을 마무리했다. 제목도 붙여봤다. 민지와의 저녁 식사 때 주려고 한 부를 출력해 제본했다. 그런데 이상했다. 학교 다닐 때 친구들에게 필기 노트 보여주는 건 하나도 아깝지 않았는데 이번엔 왜 마음이 편하지 않지? 가만히 생각해보니, 불편한 마음은 아까워서가 아니었다. '내 콘텐츠도 아닌데, 공 대표에게 먼저 묻지도 않았네'라는 생각이 뒤늦게 들었던 것이다.

외근 중인 공 대표가 세림의 전화를 받고 사무실로 복귀했다. 공 대표는 '마음의 결정을 했구나'라는 기대감을 안고 왔는데, 세림이 꺼낸 건 두껍게 제본된 책자였다. 《부동산 공화국 생존지식》. 그동안 수업한 내용을 정리한 거고, 친구에게 한 부 줄까 하는데 괜찮냐는 게 요지였다. "제목 너무 좋은데요. 왠지 안 읽으면 생존 못할 것 같은 스멜. 저녁 약속이 몇 시죠? 제가 한번 훑어보고 알려줄게요."

잠시 후, 역시 정리를 잘한다는 칭찬과 함께 이미 친구와 얘기된 것 같으니 하드 카피로만 전달하는 조건으로 공 대표의 승낙을 받았다.

며칠 지나 민지에게 연락이 왔다. 너무 재미있게 읽었다면서, 자기에겐 정말 큰 도움이 됐는데 책으로도 내면 어떻겠냐는 말도 해왔다. 세림은 공 대표의 말이 생각났다. 분석과 정리를 잘하고, 알기 쉽게 전달하고, 다른 사람들이 현명한 의사 결정을 할 수 있도록 돕는 것을 좋아한다는 말. 그날 민지와의 긴 통화를 마치고 세림은 결심이 섰다.

며칠 후, '부동산 공화국' 1주년 기념 회식이 있는 날이다. 외근 나갔던 공 대표가 회식 한 시간 전에 사무실로 돌아왔다.

"대표님, 저 드릴 말씀이 있어요. 결심이 섰어요. 해볼게요. 앞으로 잘 부탁드립니다."

부동산도 카페도 자리를 잘 잡아서 기분 좋은 1주년 기념일에 더 기쁜 소식을 전해줘서 고맙다고, 함께 재미있게 일해보자며 공 대표가 세림에게 처음으로 악수를 청했다. 단순한 악수일 뿐인데, 왠지 계약서에 도장을 찍은 것 같은 부담감과 함께 자기를 이끌어줄 사람이라는 생각에 세림의 손에 힘이 들어갔다.

"그런데 대표님, 저 한 가지 부탁, 제안 뭐 이런 게 있어요." 공 대표는 문득 세림을 처음 만난 날이 떠올랐다. '맞다. 얘, 밀당의 달인이지. 일단 발을 담그게 하고 발 빼기 어렵다 싶을 때 다른 하나를 요구하는.' 어디서 배운 게 아니라 그냥 타고난 본능 같았다.

"수업 정리한 내용을 책으로 내고 싶어요."

가능하기만 하다면 공 대표도 좋다고 했다. 이미 원고를 출판사에 보냈고, 출판사에서도 바로 연락이 왔다는 얘기는 차마 못했다. 회식 때 술기운을 빌려 말해야겠다고 생각하며 세림은 회식 장소로 걸음을 옮겼다.

1주년 기념 회식이 세림의 입사 환영회가 됐다. 한바탕 떠들썩하게 술잔이 오가던 중, 전화를 받기 위해 공 대표가 밖으로 나갔다. 기회를 보던 세림도 슬그머니 일어나 따라 나갔다. 공 대표가 통화 마치기를 기다렸다가 세림은 미처 못 했던 출판사 얘기를 했다. 커진 공 대표의 눈이 세림을 향했다. 잠시 말이 없던 공 대표가 이윽고 엄지를 세웠다.

"역시, 정 작가님! 축하할 일이 또 생겼네요. 얼른 들어가죠. 사람들 기다리겠어요."

자신을 지키며 ★ 자산도 키우는
부동산 공화국 생존지식

2023년 5월 19일 초판 1쇄 발행
2024년 6월 14일 초판 3쇄 발행

지은이 허혁재
펴낸이 김은경
편집 권정희, 장보연
마케팅 박선영, 김하나
디자인 황주미
경영지원 이연정
펴낸곳 ㈜북스톤
주소 서울특별시 성동구 성수이로7길 30 빌딩8, 2층
대표전화 02-6463-7000
팩스 02-6499-1706
이메일 info@book-stone.co.kr
출판등록 2015년 1월 2일 제2018-000078호

ⓒ 허혁재
  (저작권자와 맺은 특약에 따라 검인을 생략합니다)

ISBN 979-11-93063-01-9 (03320)

북스톤은 세상에 오래 남는 책을 만들고자 합니다. 이에 동참을 원하는 독자 여러
분의 아이디어와 원고를 기다리고 있습니다. 책으로 엮기를 원하는 기획이나 원
고가 있으신 분은 연락처와 함께 이메일 info@book-stone.co.kr로 보내주세요.
돌에 새기듯, 오래 남는 지혜를 전하는 데 힘쓰겠습니다.